環南シナ海の国・地域
の金融・資本市場

アジア資本市場研究会編

公益財団法人 日本証券経済研究所

はじめに

　本書は、南シナ海を取り囲むアセアン諸国の金融・資本市場の最新状況について、調査・分析を行った、日本証券経済研究所、第6次アジア資本市場研究会の成果物である。執筆は当研究会のメンバーが、それぞれの研究テーマごとに担当した。

　第1章「アジアの金融経済協力」：

　　　　　中林伸一　アジア開発銀行研究所　総務部長

　第2章「ベトナム」：

　　　　　木原隆司　獨協大学経済学部国際環境経済学科教授

　第3章「フィリピン」：

　　　　　北野陽平　野村資本市場研究所主任研究員（在シンガポール）

　第4章「マレーシア」：

　　　　　安達精司　神田外国語大学外国語学部客員教授

　第5章「タイ」：

　　　　　吉松和彦　日本取引所グループグローバル戦略部課長

　第6章「インドネシア」：

　　　　　広瀬　健　ナウキャスト取締役 CSO

　第7章「オーストラリア」：

　　　　　土屋貴裕　大和総研金融調査部主任研究員

　第8章「台湾」：

　　　　　薛　　軍　中国南開大学経済学院教授

　上記内容が示すように、本書は2005年7月に設置されたアジア資本市場研究会の研究が一巡した結果を示すものといえる。同研究会は、第1次において、アジア資本市場と日本、をテーマに研究成果を公表し、その後、サブプライム危機とアジア証券市場、躍進目覚ましい中国の金融・資本市場、国際金融セン

ターとの関わり、さらにはまだ発展の緒についたばかりのフロンティア諸国の証券市場への可能性、といったアジア全般の金融・資本市場についての調査・研究を進めてきた。様々な切り口の研究に挑んだアジア市場に関して、再びオーソドクスな観点で分析したことになる。

　この間、アジア各国・地域の金融資本市場は文字通り目を見張る発展を示している。とくに、経済規模の拡大と相まって成長する中国の存在感は大きい。当研究会が設置された13年前でも、すでに中国の勃興は予想されていたが、2008年のサブプライム危機時の中国の金融対応が、その後の市場拡張を後押しした。香港、上海の両市場との連結や深圳取引所の発展ぶり、新興市場の勃興、日本以上に進んでいるICTの活用等々、その証左は枚挙にいとまがない。

　アジア各国が、こうした中国の影響を直接、間接に受けていることは間違いない。そうした中で、かつての最先進国である日本も、さまざまな形でアジア地域の金融・資本市場に対する協力と支援を行ってきた。今回取り上げた各国も、日本にとって重要な国々ばかりである。

　また、アジア開発銀行（ADB）の役割も非常に大きい。今後の「環南シナ海」金融・資本市場の発展にとって、ADBは引き続き大きな機能を発揮していくものと期待される。

　そうした中でも、中国が進める「一帯一路」戦略がこの地域にどのような影響を与えていくか、について目が離せない。本書で検討対象とした各国のほとんどが、中国との領海問題や外交問題を抱えている点も見逃せない。

　今後、日本はこれらの国々、地域とどのように向き合っていくべきなのか。本書により、金融・資本市場の分野からの何らかのヒントが抽出できれば、執筆者一同。望外の幸せである。

　本書完成に当たっては、上記の各執筆者からの協力はむろんのこと、日本証券経済研究所の安田賢治氏の粘り強いご尽力に大いに助けられた。ここに深甚の感謝を申し上げたい。

また、同研究所理事長の増井喜一郎氏に、陰に日にご支援いただいたことも特筆したい。学恩に九拝するばかりである。

　2018年向夏の候

アジア資本市場研究会主査

当研究所理事

大和総研副理事長

川　村　雄　介

執 筆 分 担

はじめに　川　村　雄　介　大和総研副理事長・日本証券経済研究所理事

第1章　中　林　伸　一　アジア開発銀行研究所総務部長

第2章　木　原　隆　司　獨協大学経済学部国際環境経済学科教授

第3章　北　野　陽　平　野村資本市場研究所主任研究員（シンガポール駐在）

第4章　安　達　精　司　神田外語大学外国語学部客員教授

第5章　吉　松　和　彦　株式会社日本取引所グループグローバル戦略部課長

第6章　広　瀬　　　健　株式会社ナウキャスト取締役 CSO

第7章　土　屋　貴　裕　大和総研金融調査部主任研究員

第8章　薛　　　　　軍　中国南開大学経済学院教授・当研究所客員研究員

目　次

第1章 アジアの金融経済協力 ································11

第1節　はじめに ································12

第2節　アジアの通貨金融協力の歴史 ································13

 Ⅰ　アジア通貨危機 ································13

 Ⅱ　アジア通貨基金（AMF）構想 ································15

 Ⅲ　チェンマイ・イニシアティブ（CMI） ································16

 Ⅳ　アジア債券市場イニシアティブ（ABMI） ································21

 Ⅴ　ASEAN＋3マクロ経済リサーチオフィス（AMRO） ································22

第3節　アジア金融経済協力の行方と今後の課題 ································23

 Ⅰ　地域主義のモメンタムの低下 ································23

 Ⅱ　人民元の国際化 ································24

 Ⅲ　「一帯一路」構想 ································26

第4節　アジア太平洋地域の通商秩序とメガFTAの行方 ················30

 Ⅰ　アジア太平洋地域の経済統合（貿易投資面）と通商秩序 ········30

 Ⅱ　トランプ政権が揺るがすアジアの通商秩序 ················32

 Ⅲ　日本の通商戦略 ································33

第2章 ベトナム経済と金融資本市場
〜Benchmarkingと国際機関の評価〜 ················37

第1節　はじめに─ベトナム概観 ································38

第2節　近年のベトナム経済 ································43

 Ⅰ　経済成長とインフレ・国際収支 ································43

 Ⅱ　財政状況 ································44

 Ⅲ　構造改革 ································44

 Ⅳ　経済見通し ································45

第3節　ベトナム金融資本市場のベンチマーキングと金融可能性
フロンティア ································46

 Ⅰ　「金融可能性フロンティア」とは（理論） ················46

目　次　5

| Ⅱ | 金融構造のベンチマーキング
－金融可能性フロンティアの導出（実証分析）……………………50 |
| Ⅲ | ベトナム金融資本市場のベンチマーキング………………52 |

第4節 国際機関の評価に見るにベトナム金融資本市場の課題…………59

Ⅰ	IMF／世銀の「金融部門評価プログラム」（FSAP）…………60
Ⅱ	IMF第Ⅳ条コンサルテーション（2017年6月）…………63
Ⅲ	Legacy Issues：不良債権と国有企業改革…………69

第5節 結語……………70

補 論 「金融発展度指数」とベトナム………71

| Ⅰ | 金融発展度指数（Financial Development Index：FD）の
成長促進効果…………72 |
| Ⅱ | 金融発展度指数の成長変動効果・金融安定化効果…………74 |

第3章 包摂的かつ持続可能な資本市場の構築を目指すフィリピン………79

第1節 はじめに………80

第2節 資本市場のこれまでの発展………81

| Ⅰ | 株式市場………81 |
| Ⅱ | 債券市場………82 |

第3節 資本市場の発展に向けた課題と主な取り組み………83

Ⅰ	厚みが不十分な株式市場………83
Ⅱ	株式市場への投資家の参加を促すための取り組み………85
Ⅲ	金融商品の拡充………92
Ⅳ	社債市場の拡大………94

第4節 インフラ整備向け資金調達において重要性が高まる資本市場………96

| Ⅰ | 膨大なインフラ需要と資金調達の現状………96 |
| Ⅱ | 資本市場の活用に向けた取り組み………97 |

第5節 資本市場の成長加速をもたらす動き………98

| Ⅰ | オンライン取引の普及………98 |
| Ⅱ | 個人投資家層の裾野拡大において重要な役割を担う投資信託………100 |

第6節 結びにかえて………103

第4章 ASEAN の優等生、マレーシアは「中所得国の罠」から ……105
脱却できるか～イスラム圏への Gateway 戦略に賭ける～

第1節 はじめに……106

第2節 堅調な成長をたどるマレーシア……108

Ⅰ 「堅実・安定」に基づく政策運営……108

Ⅱ 「中所得国の罠」からの脱却は可能か……111

第3節 "Gateway to Islam"に賭ける将来戦略……115

Ⅰ イスラムビジネス拡大の可能性……115

Ⅱ 裾野が広がる「イスラム金融」……120

Ⅲ アジア最大の「イスラム金融立国」を目指すマレーシア……122

第4節 結びに代えて……129

補論 ～総選挙後のマレーシアの行方について～……134

第5章 タイの資本市場について……143

第1節 タイの政治経済の現状……144

Ⅰ 政治……144

Ⅱ 経済……144

Ⅲ 外交及び日本との関係……146

第2節 タイ資本市場の概要……148

Ⅰ 証券取引所……148

Ⅱ 市場動向……150

Ⅲ 税制・資本規制……153

第3節 ASEAN 地域におけるタイの位置付け……157

第6章 インドネシア経済と資本市場の最新情勢……161

第1節 好景気が安定的に続くインドネシア……162

第2節 内需主導型の経済構造と供給サイドのボトルネック……164

第3節 インフレ体質と高金利→
金融収支が経常赤字をファイナンス……171

第4節 インドネシアの貿易構造とパーム油……174

| 第5節 | ジョコ・ウィドド大統領にかかる期待 | 177 |

第5節　ジョコ・ウィドド大統領にかかる期待⋯⋯⋯⋯⋯⋯⋯⋯⋯177

第6節　インドネシアの通貨制度と為替市場⋯⋯⋯⋯⋯⋯⋯⋯⋯179

第7節　インドネシアの資本市場⋯⋯⋯⋯⋯⋯⋯⋯⋯⋯⋯⋯⋯⋯182

   Ⅰ　インドネシアの株式市場⋯⋯⋯⋯⋯⋯⋯⋯⋯⋯⋯⋯⋯182

   Ⅱ　インドネシアの債券市場⋯⋯⋯⋯⋯⋯⋯⋯⋯⋯⋯⋯⋯184

第7章　オーストラリアの経済と資本市場⋯⋯⋯⋯⋯⋯⋯⋯189

はじめに⋯⋯⋯⋯⋯⋯⋯⋯⋯⋯⋯⋯⋯⋯⋯⋯⋯⋯⋯⋯⋯⋯⋯⋯190

第1節　オーストラリアの概要⋯⋯⋯⋯⋯⋯⋯⋯⋯⋯⋯⋯⋯⋯⋯191

   Ⅰ　オーストラリア略史⋯⋯⋯⋯⋯⋯⋯⋯⋯⋯⋯⋯⋯⋯⋯191

   Ⅱ　政治体制⋯⋯⋯⋯⋯⋯⋯⋯⋯⋯⋯⋯⋯⋯⋯⋯⋯⋯⋯192

第2節　オーストラリアの経済構造⋯⋯⋯⋯⋯⋯⋯⋯⋯⋯⋯⋯⋯193

   Ⅰ　26年にわたる景気の拡大⋯⋯⋯⋯⋯⋯⋯⋯⋯⋯⋯⋯⋯193

   Ⅱ　国内における6つの州と国際経済における位置づけ⋯⋯⋯195

   Ⅲ　一次産品を輸出し工業製品を輸入する貿易関係⋯⋯⋯⋯197

   Ⅳ　積極的な対外通商政策⋯⋯⋯⋯⋯⋯⋯⋯⋯⋯⋯⋯⋯⋯198

   Ⅴ　移民は労働者であり消費者⋯⋯⋯⋯⋯⋯⋯⋯⋯⋯⋯⋯200

第3節　資本市場と金融政策⋯⋯⋯⋯⋯⋯⋯⋯⋯⋯⋯⋯⋯⋯⋯⋯202

   Ⅰ　株式市場⋯⋯⋯⋯⋯⋯⋯⋯⋯⋯⋯⋯⋯⋯⋯⋯⋯⋯⋯202

   Ⅱ　債券市場と財政政策⋯⋯⋯⋯⋯⋯⋯⋯⋯⋯⋯⋯⋯⋯⋯204

   Ⅲ　金融政策⋯⋯⋯⋯⋯⋯⋯⋯⋯⋯⋯⋯⋯⋯⋯⋯⋯⋯⋯205

第4節　スーパーアニュエーションと家計⋯⋯⋯⋯⋯⋯⋯⋯⋯⋯206

   Ⅰ　スーパーアニュエーション⋯⋯⋯⋯⋯⋯⋯⋯⋯⋯⋯⋯206

   Ⅱ　家計金融資産・負債⋯⋯⋯⋯⋯⋯⋯⋯⋯⋯⋯⋯⋯⋯⋯209

終わりに⋯⋯⋯⋯⋯⋯⋯⋯⋯⋯⋯⋯⋯⋯⋯⋯⋯⋯⋯⋯⋯⋯⋯⋯211

第8章　台湾の政治経済及び両岸経済交流の現状分析⋯⋯⋯215

はじめに⋯⋯⋯⋯⋯⋯⋯⋯⋯⋯⋯⋯⋯⋯⋯⋯⋯⋯⋯⋯⋯⋯⋯⋯216

第1節　藍緑（ブルー・グリーン）政治体制を中心とする
　　　　台湾政治の実態⋯⋯⋯⋯⋯⋯⋯⋯⋯⋯⋯⋯⋯⋯⋯⋯⋯216

Ⓘ 台湾の概要⋯⋯⋯⋯⋯⋯⋯⋯⋯⋯⋯⋯⋯⋯⋯⋯⋯⋯216

Ⓘ 藍緑政治⋯⋯⋯⋯⋯⋯⋯⋯⋯⋯⋯⋯⋯⋯⋯⋯⋯⋯⋯217

Ⓘ 現総統蔡英文（緑）と元総統馬英九（藍）の略歴⋯⋯⋯217

Ⓘ 「習馬会」、「習6点」と「19大内容」から見る両岸情勢⋯⋯218

Ⓥ 米中間での台湾問題⋯⋯⋯⋯⋯⋯⋯⋯⋯⋯⋯⋯⋯⋯⋯219

第2節 失われた20年⋯⋯⋯⋯⋯⋯⋯⋯⋯⋯⋯⋯⋯⋯⋯⋯⋯⋯⋯221

Ⓘ 台湾経済成長の推移⋯⋯⋯⋯⋯⋯⋯⋯⋯⋯⋯⋯⋯⋯⋯221

Ⓘ 経済概況⋯⋯⋯⋯⋯⋯⋯⋯⋯⋯⋯⋯⋯⋯⋯⋯⋯⋯⋯⋯222

第3節 ルイス転換点の通過とアジアニーズ（NIES）⋯⋯⋯⋯226

Ⓘ ルイス転換点の通過⋯⋯⋯⋯⋯⋯⋯⋯⋯⋯⋯⋯⋯⋯⋯226

Ⓘ 「十大建設」と失われつつある台湾経済⋯⋯⋯⋯⋯⋯⋯228

Ⓘ 台湾の南進政策、回帰政策について⋯⋯⋯⋯⋯⋯⋯⋯229

第4節 両岸経済交流⋯⋯⋯⋯⋯⋯⋯⋯⋯⋯⋯⋯⋯⋯⋯⋯⋯⋯⋯231

Ⓘ 投資と観光から見る両岸経済交流の現状⋯⋯⋯⋯⋯⋯231

Ⓘ 「両岸経済協力枠組み協定」⋯⋯⋯⋯⋯⋯⋯⋯⋯⋯⋯233

Ⓘ 両岸通貨清算メカニズム⋯⋯⋯⋯⋯⋯⋯⋯⋯⋯⋯⋯⋯234

Ⓘ 両岸金融協力内容について
　　 ―「海峡両岸金融合作協議」を中心に―⋯⋯⋯⋯⋯⋯236

Ⓥ QFIIの現状について⋯⋯⋯⋯⋯⋯⋯⋯⋯⋯⋯⋯⋯⋯⋯237

Ⓥ 官製レベルの福建自由貿易実験区設立から民間レベルの
　　 一帯一路協力へ⋯⋯⋯⋯⋯⋯⋯⋯⋯⋯⋯⋯⋯⋯⋯⋯238

第5節 今後の展望⋯⋯⋯⋯⋯⋯⋯⋯⋯⋯⋯⋯⋯⋯⋯⋯⋯⋯⋯239

第 1 章

アジアの金融経済協力

■ 第1節

はじめに

　本章では、アジアの地域経済統合、その中でも特に、地域金融協力に焦点を当てる。

　第2節：アジアの次に通貨金融協力の歴史では、まず、東アジアにおける地域金融協力の契機となったアジア通貨危機について概説する。次に、通貨当局間の互助システムであるチェンマイ・イニシアティブについて解説したあと、アジア債券市場を概説し、最後に ASEAN ＋ 3 マクロ経済リサーチオフィスについて論じる。

　第3節：アジアの域内経済統合と「一帯一路」構想、AIIB および人民元の国際化では、アジアの金融経済協力の行方を左右する中国の動きを取り上げる。特に、「一帯一路」構想やアジアインフラ投資銀行（Asian Infrastructure Investment Bank：AIIB）と人民元の国際化について論じる。

　第4節：アジア太平洋地域の通商秩序とメガFTAの行方では、アメリカのトランプ政権の誕生に揺れるアジア太平洋の通商秩序について論じる。RCEP（Regional Comprehensive Economic Partnership：東アジア地域包括的経済連携協定）と TPP（Trans-Pacific Partnership：環太平洋パートナーシップ協定）を巡る最近の動向と我が国に残された選択肢について論じる[1]。

1　本章の図表の作成にあたっては、アジア開発銀行研究所（Asian Development Bank Institute：ADBI）の Research Associate である Dr.So-heon Lee に多大のお世話になった。

　（文中意見に渡る部分は、筆者の個人的見解であり、筆者が所属する組織の見解ではない。）

■ 第2節 ■

アジアの通貨金融協力の歴史

Ⅰ アジア通貨危機

1. 通貨金融協力の契機

東アジアにおける通貨金融協力の契機となったのは、1997年から98年にかけて、東アジアを襲ったアジア通貨危機である。1997年から1998年にかけて、タイ、インドネシア、韓国など東アジアの新興国を相次いで襲ったアジア通貨危機は、政治経済を混乱させ、長期失業と貧困を増大させ、社会に深い亀裂を残した。

その際、金融危機対策のための財政支出、為替の暴落による外貨建て債務負担の増大、不況による税収の落ち込みと景気対策のための財政支出拡大によって、各国の政府債務は大きく増大した。この苦い経験を教訓として、アジア新興国では、為替レートの柔軟化、金融規制・監督の強化、健全な財政運営によって、過剰投資を抑制して経常収支を黒字化し、外貨準備を蓄積してきた。

2. ドル・ペッグ制

アジア通貨危機に見舞われた国では、危機前、自国通貨の対ドル為替レートの変動を非常に狭い範囲に限定するように、為替介入を行っていた。アジア地域では、ドルが貿易、投資や金融に関する国際取引で支配的な地位にあったため、多くの国が事実上のドル・ペッグ制によって、自国通貨をドルに対して固定していたのである。1997年7月にタイ・バーツが切り下げられると、同じように事実上ドル・ペッグ制をとっていた周辺諸国でも切り下げが起こるのではないかという憶測が瞬く間に広がり、マレーシア・リンギやインドネシア・ルピアに対する投機が激しくなった。

ASEAN諸国では、外資を積極的に導入し、急速な近代化を追求していた。タイでは、国内貯蓄率は十分に高かったが、国内投資率はそれよりもさ

第1章　アジアの金融経済協力　13

らに高かったため、この国内の投資超過分を海外からの借り入れで賄い、経常収支の赤字が GDP 比10％程度と大きかった。さらにタイでは、金融の自由化・国際化を目指して、バンコクにオフショア金融センターを設立した。このように事実上のドル・ペッグ制には、直接投資を呼びこみ、また、金融の国際化を進め、海外からの借り入れを容易にし、国内の高い設備投資と貿易の拡大を可能にするというメリットがあったが、この硬直的な通貨制度には以下のような弊害があり、それが通貨危機の原因となった。

3．通貨のフリーフォール

　ドルというひとつの通貨に対して為替レートを固定すると、他の主要貿易相手国の通貨がドルに対して弱くなった場合、自国通貨が割高になり、国際競争力が低下する。タイにとっては、当時、日本が最大の貿易相手国であった。1995年にかけて急激な円高ドル安が進むと、日本企業の ASEAN 諸国への工場移転が加速し、ASEAN から日本への輸出も増大した。しかしその後、ドルが反転し、ドル高円安の方向に動くと、ドルに連動していたタイ・バーツは円に対して切り上がり、タイの日本向け輸出品の価格競争力を低下させた。

　以上は、貿易を通じた不均衡要因であるが、次のような金融面の要因がより重要で劇的な通貨のフリーフォール（暴落）を引き起こすことになった。これは、開発途上国が、固定相場制の下で性急に資本自由化を行うと、外貨建ての短期借入が急増するというリスクである。固定相場制を取ると、為替リスクに対する認識が鈍るため、金利が低い外貨建ての借り入れを助長してしまうからである。

　タイでは、1996年にバブルが崩壊し、金融会社の経営破たんが相次いだ。過大な対外借入と競争力の低下により、すでに経常収支は大幅な赤字であったが、バブルの崩壊をみて、海外資本が流入から流出に転じ、深刻な国際収支危機に直面した。97年2月になって、タイ・バーツに対する切り下げ圧力が高まった。タイ中央銀行は、固定相場を維持するため、タイ・バーツを買い支える介入を行った。しかし、外貨準備には限りがある。いずれ外貨準備が尽きるという予想が広がると、タイ・バーツが切り下がる前にドルに替え

ておこうとする動きが止まらなくなる。そして、とうとう7月2日には外貨
準備が底を突き、投機家の予想通り、タイ・バーツは切り下げられた。

Ⅱ　アジア通貨基金（AMF）構想

1．タイ支援国会合

　タイ当局は当初日本に対し支援を要請するも奏功せず、IMF に支援を要
請し8月5日には IMF プログラムの内容につき基本合意に達した。これを
受け、8月11日に東京でタイ支援国会合が開かれた。日本は、IMF と同額
の40億ドルの支援を発表、ASEAN の主要国や韓国、オーストラリア、中国
（後日発表）、および世銀・アジア開発銀行（ADB）とあわせ、支援総額は
172億ドルに達し、当初 IMF が必要としていた支援額140億ドルを大幅に上
回った。

　このタイ支援国会合では、インドネシア、マレーシア等のアジア諸国は、
支援額を発表する際に、これは東アジアの連帯（solidarity）のためである
と力説した。この高揚感の背景には、アメリカが支援を発表できなかったと
いう事情もある。アメリカは、1994年のメキシコ危機の際、当初400億ドル
の支援について議会の承認を求めたが、これを拒絶され、議会承認の必要の
ない為替安定基金（日本の外貨準備に相当）から200億ドルの支援を行っ
た。その結果、議会は議会の承認なしに政府が勝手に支援することを今後禁
止するという議決を行い、当時、米国当局は手を縛られた状態にあった。

2．アメリカの反対

　タイ支援国会合の高揚感の余勢を借りて、日本の財務省（当時は大蔵省）
では、アジア通貨基金（AMF：Asian Monetary Fund）構想の根回しを開
始した。ASEAN（Association of South-East Asian Nations：東南アジア諸
国連合）諸国や韓国はおおむね賛成したが、オーストラリアは距離を置き、
中国は態度を明確にしなかった。その中で、蚊帳の外に置かれたアメリカは
この構想に強く反対し、関係国へも圧力をかけた。

　アジア通貨基金構想の概要は、① IMF を補完する役割を果たす独立した

第1章　アジアの金融経済協力　15

常設機関を設置し、②通貨危機を事前に防ぐための域内サーベイランス（政策監視）機能を持たせ、③通貨危機が発生した場合に、域内各国がIMFを補完する形で支援を行うというものである。この構想は日本の財務省主導で推進されたが、アメリカの強い反対で頓挫する。

アメリカの表向きの反対理由は、①地域ファンドができると、アジア以外の国（欧米諸国）からの支援のインセンティブが弱まる。②地域だけで支援プログラムを作ると、コンディショナリティー（Conditionality：融資条件）が緩くなり、モラル・ハザード（moral hazard：規律の喪失）に陥りやすい。③欧米中心に運営されているIMFの国際的な最後の貸し手としての機能を損なうというものであった。

3．新宮沢構想

アジア通貨基金構想が頓挫した後、日本は、多国間（マルチ）の枠組みではなく、二国間（バイ）の支援に重点を移していく。1998年10月に発表された「新宮沢構想」であり、アジア諸国の経済回復のための中長期の資金支援（輸銀融資や円借款）と短期の資金需要が生じた場合の備えという二本柱の支援スキームであった。さらに、翌年発表された新宮沢構想第二ステージでは、民間資金活用に重点が置かれ、アジア債券市場の育成を通じ、域外からの短期資金への依存を減らし、域内貯蓄を域内投資に活用すること等を日本が支援する方向が示された。これがのちに、ASEAN＋3財務大臣会合プロセスにおいて、アジア債券市場イニシアティブに結びついていくことになる。

Ⅲ　チェンマイ・イニシアティブ（CMI）

1．CMIの概要

ASEAN＋3（日中韓）という枠組み自体は、アジア通貨危機勃発直後の1997年11月に、マレーシアのクアラルンプールで開催されたASEAN首脳会合に、日中韓の首脳が招かれたことから始まる。その2年後、1999年11月マニラで開催された第3回ASEAN＋3首脳会議において、通貨・金融分野での東アジアにおける自助・支援メカニズムの強化の必要性が合意された

ことから、地域通貨金融協力は動き出した。これを受けて、2000年5月にタイ北部のチェンマイで開催された第2回ASEAN＋3財務大臣会議において、チェンマイ・イニシアティブ（Chiang Mai Initiative：CMI）の枠組みが合意された。

CMIとは、対外支払いの困難に陥った国に対して、外貨準備を使って短期的な外貨資金（ドル）の融通を行う二国間の通貨スワップ取極のネットワーク（Bilateral Swap Arrangement：BSA）であり、①ASEANスワップ網（ASEAN Swap Arrangement：ASA）の拡大と、②ASEAN各国と日中韓それぞれとの二国間通貨スワップ取極のネットワークの構築、という二つで構成された。

ASEANスワップ網（ASA）とは、ASEAN5カ国の間で米ドルと自国通貨を交換することにより、緊急時に米ドルを融通し合うメカニズムであり、1977年に設立され、何回か発動された例もあったが、1997年から98年のアジア通貨危機という資本収支型の危機では、規模が極めて小さいこともあり、発動されなかった。一方、日中韓とASEAN諸国とのスワップ取極の二国間交渉は順次進み、2003年末までには、ASEAN5カ国と日中韓の間で、合計16本のスワップ取極が結ばれた。

2．CMIの特徴

CMIの特徴としては、①二国間の取極であり、スワップ網全体を管理、意思決定する主体は存在せず、②規模や使用する通貨等についても二国間の交渉で決められ、③スワップ発動の決定を行うのはあくまで各貸出国であるという3点が挙げられる。また、IMFを補完するものという位置づけであり、「借入国が資金融通を受けるには、IMFとの間でプログラムにすでに合意しているか、合意が近いこと」が条件になっており、これを「IMFリンク」と呼ぶ。これに対し、マレーシア等は100％のIMFリンクに反対し、スワップ額の一定比率はIMFリンク無しに融通できる仕組みにすることを主張し、スワップ額の10％はIMFリンクなしに融通できる仕組みになった。これは、その後、20％に引き上げられた。これを「IMFデリンク」と呼ぶ。

CMIにおいてIMFリンクが必要とされるのは、資金融通にあたり、コン

ディショナリティーの設定が必要とされるためである。国民の税金を使って、他国に貸出を行う場合、その資金の返済を確保するための仕組みが必要になる。また、借入国にとっても、危機を克服して、再び成長軌道に戻るためには、経済改革が必要になる。これは、借り手のモラルハザード（規律の喪失）を避けるためにも必要である。つまり、支援プログラムを作成し、適切なコンディショナリティーを借手国との間でまとめる機関が必要になる。そのためには、日頃から、地域経済の動向を分析、監視するサーベイランスが必要になる。

3．CMIのマルチ化

CMIはあくまで二国間の取極であるため、発動にあたり機動性に欠けるという欠点があった。こうした背景から、通貨スワップ発動の際の当局間の意思決定手続きを共通化し、支援の迅速化・円滑化を図るため、2010年3月、チェンマイ・イニシアティブ（CMI）のマルチ化契約（Chiang Mai Initiative Multilateralization：CMIM）を締結した。これは、図表1－1の概念図が示すように、危機の際に、複数の国と交渉しなくてよいように、一連のスワップを一本の契約に基づいて発動できるようにしたものである。

また、従来、CMIに入っていなかったブルネイ、カンボジア、ラオス、ミャンマー、ベトナムも加わり、ASEAN＋3の全13カ国が参加するネットワークとなった。さらに、2014年7月のCMIM改訂契約により、総額を

図表1－1　CMIからCMIMへ

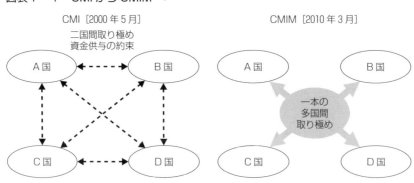

2400億ドルに拡大し、IMFデリンクの割合を30％に引き上げるという規模拡大と機能強化が図られた。

４．各国の貢献額

　現在の各国の貢献額と借入可能額は、図表１－２のとおりである。表の中で、「貢献額」というのは、各国の貸出可能額の上限のことである。また、「買入乗数」というのは、借入を行う場合、貢献額の何倍まで借りられるかを表したものである。IMFで言えば、貢献額というのは、出資額（クォータ）に当たる。また、IMFから借り入れる場合、IMFから外貨を自国通貨と交換に買い入れ、外貨を返済する際に、自国通貨を買い戻すという手続きをとる。その影響で、買入乗数という用語を使っているが、実際には、借入乗数といった方がわかりやすいだろう。

　CMIMでは、主として、日中韓が貸出国、ASEANが借入国に回ることが想定されており、それに対応して日中の買入乗数が0.5と最低であるのに対して、ASEANの中でも後進の４カ国の買入乗数が５と最大であり、最大引き出し可能額は、それぞれベトナム100億ドル、カンボジア12億ドル、ミャンマー６億ドル、ラオス３億ドルとなっている。これは、それぞれ貢献額の５倍にあたる額である。

　ここで、各国の貢献割合をみると、日中韓で８割、ASEAN10カ国で２割となっている。ASEAN内では、貢献額の大半を、原加盟５カ国で均等に分担している。さらに、日中韓の３者の比率をみると、２：２：１となっている。日本の貢献割合32％に対して、中国の貢献割合は、香港の3.5％を加えて、全体で32％、韓国16％となっている。

５．日中の貢献割合

　日中の貢献割合をどうするかというのは、交渉の重要なポイントになり、日中二国間でハイレベルの交渉が行われた。中国側は、交渉の最終段階で、中国経済の急速な発展を踏まえ、日中の貢献割合を同額とすることを、日本側に提案した。これに対して、日本側は、貢献割合の決定にあたっては、日本がそれまで、アジアの地域金融協力とCMIに果たしてきた主導的な役割

図表1－2　CMIM 貢献額、買入乗数、引出可能総額、投票権率

			貢献額 （億ドル）	貢献割合 （％）	買入乗数	引出可能総額 （億ドル）	投票券合計			投票率 （％）
							基本票	貢献額票		
日中韓			1,920.0	80.00		1,173.0	9.60	192.00	201.60	71.59
	日本		768.0	32.00	0.5	384.0	3.20	76.80	80.00	28.41
	中国	香港を除く中国	768.0 684.0	32.00 28.50	0.5	342.0	3.20	68.40	71.60	25.43
		香港	84.0	3.50	2.5	63.0	0.00	8.40	8.40	2.98
	韓国		384.0	16.00	1	384.0	3.20	38.40	41.60	14.77
ASEAN			480.0	20.00		1,262.0	32.00	48.000	80.00	28.41
	インドネシア		91.04	3.793	2.5	227.6	3.20	9.104	12.304	4.369
	タイ		91.04	3.793	2.5	227.6	3.20	9.104	12.304	4.369
	マレーシア		91.04	3.793	2.5	227.6	3.20	9.104	12.304	4.369
	シンガポール		91.04	3.793	2.5	227.6	3.20	9.104	12.304	4.369
	フィリピン		91.04	3.793	2.5	227.6	3.20	9.104	12.304	4.369
	ベトナム		20.0	0.833	5	100.0	3.20	2.00	5.20	1.847
	カンボジア		2.4	0.100	5	12.0	3.20	0.24	3.44	1.222
	ミャンマー		1.2	0.050	5	6.0	3.20	0.12	3.32	1.179
	ブルネイ		0.6	0.025	5	3.0	3.20	0.06	3.26	1.158
	ラオス		0.6	0.025	5	3.0	3.20	0.06	3.26	1.158
合計			2,400.0	100.00		2,435.0	41.60	281.60	281.60	100.00

（出所）財務省ホームページ「アジアにおける地域金融協力・二国間支援」

を考慮すべきと主張した。結局、温家宝首相と麻生首相のトップ会談により、日中同額とすることで折り合った。CMIM が締結された2010年は、中国の GDP が日本の GDP を抜いた節目の年であった。その後も、中国は高成長を持続していることから、今では、中国の経済規模は日本の経済規模を大きく上回るようになっている。

Ⅳ　アジア債券市場イニシアティブ（ABMI）

1．債券市場の育成

　アジア債券市場イニシアティブ（Asian Bond Market Initiative：ABMI）は、アジア通貨危機の経験を踏まえ、効率的で流動性の高い債券市場を育成することにより、アジアにおける貯蓄をアジアに対する投資へと活用できるようにすることを目的として、2003年の第6回 ASEAN＋3財務大臣会議で合意された。アジア通貨危機は資本収支型の通貨危機であった。タイ、インドネシア、韓国など、当時、高成長を続けていた東アジアの新興市場国では、旺盛な投資需要をまかなうため、外貨建てで短期資金を借入れ、これを自国通貨建ての長期投資に回していた。いわゆる、通貨と期間のダブルミスマッチである。短期の外貨建てでしか、借入れられないのは、国内の債券市場が未発達であったためである。そのため、ABMI によって、国内の債券市場の育成が図られたのである。

　これまでの主な取り組みとしては、まず、発行については、①日韓両国政府の協力の下、国際的な債券担保証券（CBO）の発行、②タイ、マレーシア、インドネシアにおいて、国際協力銀行（JBIC）や日本貿易保険（NEXI）による信用補完を通じて、日系現地合弁企業が起債、③マレーシア、タイ、中国、フィリピンにおいて、JBIC、世界銀行、アジア開発銀行（ADB）、国際金融公社（IFC）が、現地通貨建て債券を発行した例が挙げられる。

　なお、アジア開発銀行（Asian Development Bank：ADB）では、ウェブ上に、「アジア・ボンド・オンライン（Asian Bonds Online）」を設け、債券市場や ABMI の進展に関する情報をタイムリーに発信している。これは、市場関係者、政策担当者、研究者から、アジアの債券市場の動きを知る上で、大変役に立つという高い評価を受けている。

2．クロスボーダー債券取引

　また、2010年9月には、ASEAN＋3債券市場フォーラム（ASEAN＋3 Bond Market Forum：ＡＢＭＦ）が設置された。これは、① ASEAN＋3 域内のクロスボーダー債券取引を促進することを目的として、クロスボーダ

一債券取引に係る市場慣行の標準化や、規制の調和を図るために設置した官民一体のフォーラムであり、②各国の規制および取引慣行に関する調査を行い、2012年4月に、「ASEAN＋3債券市場ガイドライン」を策定した。さらに、域内のプロ投資家向け債券市場への上場プロセスの共通化を目的に、ASEAN＋3債券共通発行フレームワーク（(ASEAN＋3 Multi-Currency Bond Issuance Framework：AMBIF）を推進し、2015年9月には、ABMIFに基づくパイロット債を発行した。

3．信用補完

　最後に、忘れてはならない重要な点として、信用補完の問題に触れる。これは、国際市場で日の浅いアジアの現地通貨建て債券の発行を促進するためには、信用補完が重要になるからである。そのため、マニラのアジア開発銀行（ADB）本部ビルの中に、2010年11月、信用保証・投資ファシリティー（Credit Guarantee and Investment Facility：CGIF）が、ASEAN＋3のすべての加盟国とアジア開発銀行（ADB）による総額7億ドルの出資を受けて設立され、その保証可能額は17億5千万ドルでスタートした。これは、域内の企業が発行する社債に保証を供与することにより、現地通貨建て債券の発行を支援し、域内債券市場の育成に貢献することを目的とした信託基金である。2013年4月に一号案件の保証を実施して以降、順調に保証残高を増やしている。そして2017年12月、CGIFは12億ドルに増資され、保証可能額も30億ドル以上に拡大された。

Ⅴ　ASEAN＋3マクロ経済リサーチオフィス（AMRO）

　ASEAN＋3マクロ経済リサーチオフィス（ASEAN＋3 Macroeconomic Research Office：AMRO）は、地域の金融協力機構として、通貨危機の際に外貨準備を相互に提供しあう、ASEANと日本、中国、韓国によるマルチ化された通貨スワップ網、マルチ・チェンマイ・イニシアティブ（Chiang Mai Initiative Multilateralization：CMIM）のサーベイランス（政策監視）ユニットである。その役割は、IMFだけに頼らず、アジア地域独自の相互

監視プロセスを作り、市場にも信頼感を与えることである。

AMRO は、2011年4月にシンガポール法人として設立され、2016年2月に国際機関化した。（AMRO のホームページは、http://www.amro-asia.org）。現在、加盟国の財政金融上のリスクの早期警戒監視機能を果たせるように、エコノミストの採用を進めている。アジア通貨危機の際、IMF の処方箋が、ワシントンコンセンサスに基づいた紋切り型のもので、アジアの実態を十分反映していないとの批判が、アジアの当局者から沸き起こった。そうした背景から、AMRO では東アジア地域に根ざした国際機関として、アジアの政策当局との連絡を密にして、アジアの経済政策の診断において、いわばセカンド・オピニオンを提供することを目指している。

AMRO では、政策監視に加えて、①CMIM の事務局支援の機能と、②国際収支分野を中心とした技術支援の機能を果たすべく、加盟国の支援を受けながら、体制整備を進めている。また、グローバルな国際金融のセーフティーネットであるIMFを、アジア地域において補完する地域金融協力機構として、AMRO は IMF との協力も進めている。

■ 第3節
アジア金融経済協力の行方と今後の課題

Ⅰ　地域主義のモメンタムの低下

2008年のグローバル金融危機以降、アジアの地域金融協力をめぐる議論の後景化が見られる。その要因としては、①ユーロ危機や TPP の頓挫に見られるように地域主義の世界的な後退、②従来の輸出主導型の開発戦略である"East Asian Miracle Model"（1993年の世銀レポート East Asian Miracle 参照）の限界、③ソフトカレンシーとしてのアジア諸国通貨の限界の3点が挙げられる。

①については、ユーロ圏のように、通貨を統一し、域内の国際資本移動を自由化すると、域内の国際収支不均衡が拡大し、危機が起こりやすくなり、また、危機の伝播も迅速かつ深刻になることがわかったことから、アジア共

通通貨の議論が下火になったことが大きい。

　②については、アメリカの大幅な経常収支赤字が、東アジアの大幅な経常収支黒字を吸収するという、いわゆるグローバル不均衡が、グローバル金融危機によって、修正を迫られたという背景がある。アメリカにおいて、信用度の低い借手向けの住宅ローンであるサブプライム・ローンのバブル崩壊によって、2007年夏以降、世界的に金融市場が動揺し、2008年9月のリーマンショックによって、グローバル金融危機が起こると、アメリカでは家計のバランスシートが悪化した。そのため、それを修復するために、住宅投資や消費が低下し、貯蓄率が上昇した。これにより、アメリカの経常収支赤字が縮小した。そのため、東アジアではそれまでのように需要を、アメリカへの輸出に頼ることができなくなったため、政策の重点が外需から内需にシフトした。

　③については、ほとんどのアジア通貨の使用範囲・規模は限定的であるという事情が挙げられる。域内の主要なハードカレンシーである日本円については、1980年代以降、円の国際化が政策的に進められた。財務省でも外国為替等審議会などで盛んに議論され、非居住者の使い勝手を改善するために、国債取引にかかる源泉徴収に関する税制改革などの措置が取られた。しかし、円の国際化は思ったほどには進まなかった。これは、ひとつには、その時期、日本が一貫して経常黒字国であったため、円が外国の居住者の手に渡らなかったという事情がある。これが、アメリカのドルとの大きな違いである。

Ⅱ　人民元の国際化

1．SDR の構成通貨採用

　人民元の国際化の関連では、2009年3月に、中国人民銀行の周小川総裁が、「国際通貨改革に関する考察」という論文の中で、ドルの代わりに IMF の SDR を準備通貨にすべきと表明し、世界の注目を浴びた。SDR（Special Drawing Rights：特別引出権）とは、既存の準備資産（金およびドル等）を補充する必要が生じたとき、これに応ずるために IMF によって創出さ

れ、加盟国に配分される準備資産である。SDR は通貨そのものではなく、IMF 加盟国等の公的主体に保有が限定された「通貨提供請求権」であり、民間の取引において使用されることはない。論文では、国際通貨をドルだけに頼ると、米国の放漫財政や過度の金融緩和によってインフレになった場合、ドルの価値が下落し世界的にインフレになってしまうという問題点が指摘された。そのため、複数の国際通貨の並立が望ましいという主張であり、人民元を SDR を構成する通貨バスケットに入れるという狙いがあった。

　SDR の構成通貨になることは、国際取引に自由に使える国際通貨として、IMF のお墨付きを得ることを意味する。人民元については、国際資本取引に制限を課していることから、この自由利用可能通貨にあたるかどうかが議論になった。こうした背景のなか、2011年3月に G20の金融担当相や中央銀行総裁が参加する国際通貨体制に関するハイレベルセミナーが南京市で開催された。そこで、アメリカのガイトナー財務長官は、「SDR の構成通貨の変更を支持する」と述べた一方、「為替相場の弾力性、中央銀行の独立性、資本の自由な移動が条件だ」と中国にいっそうの改革を求めた。

　また、中国の経済力の拡大が、IMF の出資（クォータ）シェアの見直しに十分に反映されていないというガバナンスの問題を抱える IMF では、ラガルド IMF 専務理事が、中国の IMF への協力を得るため、人民元の SDR 構成通貨への採用に前向きの姿勢を示した。こうして、IMF 理事会は2015年11月に SDR バスケットの通貨構成の変更に合意し、IMF は2016年10月1日付けで、中国の人民元を、これまでの4主要通貨―米ドル、ユーロ、日本円及びスターリングポンド―に加えて5番目の通貨として SDR 通貨バスケット（構成通貨）に採用した。

　その背景について IMF はウエブ上で、シダート・ティワリ IMF 戦略政策審査局長がインタビューに答える形で、「RMB の採用は、中国経済を国際金融制度に組み込む重要な一里塚だと言えます。RMB を自由利用可能通貨だとする IMF の判断は、国際貿易において中国の役割が拡大し、国際的な RMB の利用や取引が著しく増加したことを反映するものです。また、中国の通貨制度、為替制度、金融システムにおいて改革の進展がみられたことに加え、金融市場の自由化、統合、インフラの改善においても進展がみられま

第1章　アジアの金融経済協力　25

す。RMB が SDR バスケットに採用されたことで、既に国際的に利用や取引が増加している RMB を一段と支えることになると我々は予想しています。」と述べている[2]。

2．人民元国際化の伸び悩み

　人民元については、SDR バスケットに採用されたのち、むしろ改革の動きが後退している。これは、アメリカが量的金融緩和を解除し、徐々に、金融政策の正常化を進めるなかで、中国からの資本流出が進んだためである。これに対し、中国は人民元を支えるため、為替介入を進めたが、それにより、外貨準備が減少したため、資本流出規制を強化することになった。こうしたなか、2015年8月に中国が人民元の切り下げを行うと、世界的に株価が下落し、日本でも株安と円高に見舞われた（人民元ショック）。人民元の先安感が広がるにつれ、人民元の国際化にもブレーキがかかっている。一方で、中長期的には中国経済の成長により、人民元の国際化が進んでいくと考えられることから、ロンドンなど世界の主な金融センターでは、クリアリングバンクを設置して、人民元の直取引を行うといった、人民元ビジネスを誘致する競争が見られている。

　円と人民元の国際化の程度と最近の伸び悩みを示す一つの指標としては、図表1－3、図表1－4をそれぞれ参照。

Ⅲ　「一帯一路」構想

1．「一帯一路」の概要

　「一帯一路」構想は、2013年に中国の習金平国家主席が提唱したもので、中国と中央アジア、南アジア、東南アジア、中東、欧州とを陸路（一帯）と海路（一路）でつなげて、一大経済圏を構築しようとする壮大な構想である。当時、アメリカのオバマ政権がアジアへの転回（ピボット）政策の下、TPP を推進するなか、これに加わることができない中国が、アメリカとの

2　http://www.imf.org/ja/News/Articles/2016/09/29/AM16-NA093016IMF-Adds-Chinese-Renminbi-to-Special -Drawing-Rights-Basket

図表1−3　外国銀行の円建て債務

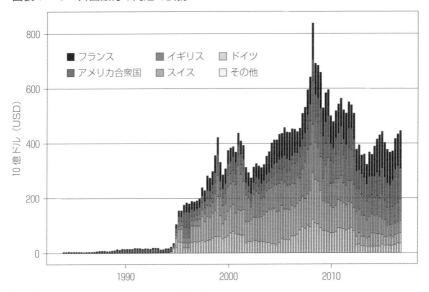

（出所）Angrick and Nakabayashi（2017）

図表1−4　オフショア人民元

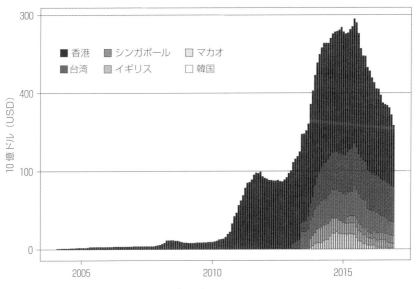

（出所）Angrick and Nakabayashi（2017）

正面衝突を避けて、西方に活路を求めたという見方もできる。「一帯一路」構想がカバーする沿線国は64カ国に上るといわれ、中国とあわせた計65カ国で人口46億人（世界の61％）、GDP23兆米ドル（世界の31％）と広大な経済圏が生まれる可能性がある[3]。

　「一帯一路」構想は、中国と沿線国との金融協力を掲げており、これは人民元の国際化の進展を含んでいる。「一帯一路」の建設が進めば、おのずと人民元の国際化が進む可能性がある、ただし、人民元の国際化が進むにつれ、沿線諸国のリスクモニタリングがより必要になる[4]。

２．AIIB の融資

　AIIB（Asian Infrastructure Investment Bank：アジアインフラ投資銀行）は、2016年１月16日に業務を開始して以来、昨年末までに12カ国・１地域の24のプロジェクトに対して、43.2億ドルの投融資を承認している。AIIB は84カ国を加盟国（ADB は67カ国）として承認済み（2017年末）であり、そのうち正式メンバーは61カ国、加盟予定国は23カ国となっている。AIIB の主要出資国の投票権シェアについては、図表１－５参照[5]。

　AIIB はこれまでのところ、既存の国際開発金融機関（世銀、ADB、EBRD（欧州復興開発銀行）等）と協調してインフラプロジェクトへの融資を行っており、質の高いプロジェクト（環境・社会的な基準）を推進しているように見える。また、プロジェクトの文書のなかでは、とくに「一帯一路」構想に明示的にリンクさせてはいない。ただし、具体的なプロジェクトの完成、とくに単独プロジェクトに注目していく必要がある。

３．今後の課題

　AIIB の今後の課題としては、①既存の国際開発金融機関（Multilateral Development Banks：MDBs）との協調の維持・強化、②ガバナンスと意思

3　国立研究開発社会法人・科学技術振興機構（JST）・中国総合研究交流センター『中国「一帯一路」構想および交通インフラ計画について』2016年
4　張礼卿・楊暁竜「『一帯一路』構想と人民元の国際化」、JST（2016年）50-59項
5　協定28条には、重要事項の決定については、総務会において投票権の75％以上の賛成が必要とされており、中国は現行の投票権シェア27％で拒否権を有している。

図表1－5　AIIB の投票権シェア上位10カ国（2017年12月19日現在）

順位	国	投票権シェア	区　分
1	中国	26.9266%	域内
2	インド	7.7456%	域内
3	ロシア	6.1053%	域内
4	ドイツ	4.2672%	域外
5	韓国	3.5994%	域内
6	オーストラリア	3.5569%	域内
7	フランス	3.2742%	域外
8	インドネシア	3.2608%	域内
9	英国	2.9867%	域外
10	トルコ	2.5883%	域内

（出所）AIIB ホームページ

決定方式[5]、融資政策と基準などについて、高い基準の維持、③他のステークホルダーとの対話・協調の強化、④クロスボーダーのインフラプロジェクトに関するコンセンサス作り[6]の4点が挙げられる。

　日本政府は、AIIB のガバナンスの整備やその融資政策が借入国の債務持続可能性に悪影響を与えないかどうかを見極めるため、加盟に慎重な姿勢を続けている。一方、安部首相は近年、「一帯一路」構想に対して前向きの発言を行っている。昨年5月、北京で開催された「一帯一路」国際フォーラムに二階自民党幹事長を団長とする代表団を派遣した。また、2018年は、日中平和友好条約調印40周年にあたる。

　こうしたなか、4月中旬には、8年ぶりに閣僚レベルで日中ハイレベル経済対話が開催され、安倍首相が提唱する「自由で開かれたインド太平洋戦略」、中国提唱の現代版シルクロード経済圏構想「一帯一路」についても意見交換が行われた。また、トランプ政権が中国を対象として、貿易戦争を仕

6　ADB ではマニラの本部内に加盟各国を代表する理事が常駐し、本国とあいだで調整を行っている。これに対し AIIB においては、各理事は、出身国の首都におり、理事会が開催されるときのみ、北京に出張する形を取っている。

掛けるなか、中国は急速に対日融和姿勢を強めており、5月9日に行われた李克強首相と安倍首相との日中首脳会談では、①日本に対して2000億元の「人民元適格外国投資家」枠の付与や、②日中双方による、人民元クリアリング銀行の設置、円－元の通貨スワップ協定のための作業の早期完了、③日本の証券会社の中国市場参入促進等に関して合意した。

第4節 アジア太平洋地域の通商秩序とメガFTAの行方

I アジア太平洋地域の経済統合（貿易投資面）と通商秩序

アジアでは、グローバル・サプライチェーンが着実に形成されており、これにより、部品貿易が拡大し、域内貿易の比重が一貫して上昇している（図表1－6）。また、これは、直接投資が、域内で行われる傾向を強めている（図表1－7）。このように、アジアでは貿易・投資の面で地域経済統合が進

図表1－6　ASEAN＋3地域（香港を除く）の域内貿易及び北米（アメリカ、カナダ）との貿易

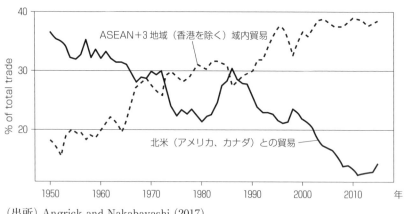

（出所）Angrick and Nakabayashi（2017）

図表1－7　ASEAN＋3地域（香港を除く）の海外直接投資（Foreign Direct Investment：FDI）額

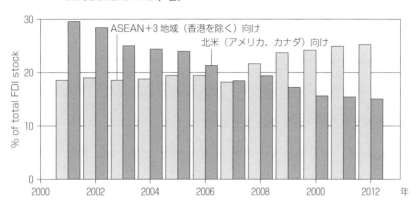

（出所）Angrick and Nakabayashi（2017）

んでいる。これは、アジアの特徴であり、ヨーロッパの場合は政治主導で統合が進んだのに対し、市場主導の統合という特徴を見せている。ヨーロッパにおいては、欧州委員会という官僚機構が制度作りを推進してきたのに対し、アジアにおいては、東南アジア10カ国の連合体であるASEANにおいても事務局は小規模であり、意思決定方式も全員一致のコンセンサス重視でゆっくりと進んできた。

アジアの地域経済統合に関連した制度作りの面で注目すべきなのは、メガFTA（広域自由貿易地域）の動向である。つまり、アジアの今後の通商秩序作りをリードするのは、TPPなのかそれともRCEPなのかということである。TPP（Trans-Pacific Partnership：環太平洋経済連携協定）は、日本、シンガポール、ブルネイ、ベトナム、マレーシア、オーストラリア、ニュージーランドのアジア太平洋諸国とアメリカ、カナダ、メキシコ、ペルー、チリの太平洋に面する北米および中南米諸国の計12カ国で交渉が進められてきた。しかし、トランプ政権が誕生直後にTPPからの離脱を表明した。

一方、RCEP（Regional Comprehensive Economic Partnershipの略、アールセップ：東アジア地域包括的経済連携）は、日本、中国、韓国、インド、オーストラリア、ニュージーランドの6カ国がASEANと持つ5つの

FTA（自由貿易協定）を束ねる広域的な包括的経済連携構想であり、2011年11月に ASEAN が提唱したものである。その後、16カ国による議論を経て、2012年11月の ASEAN 首脳会合において正式に交渉が立上げられた。

Ⅱ　トランプ政権が揺るがすアジアの通商秩序

　トランプ政権の誕生以来、アメリカの二国間主義により、アジアの通商秩序が揺らいでいる。トランプ政権は、WTO（World Trade Organization：世界貿易機関）の多国間ルールよりも米国の国家主権を優先しており、不公正な貿易慣行に対しては、米通商法301条、アンチダンピング税や相殺関税などの貿易救済措置を厳格に適用するとしている。また、公正かつ互恵主義に基づく貿易を実現するため、可能なすべてのレバレッジを使用するとともに、貿易協定のアプローチを見直し、多国間よりも二国間の交渉を重視するとしている[7]。

　このように、トランプ政権は TPP の代わりに、アメリカをハブとする二国間 FTA 網を構築する考えである。しかし、これはメガ FTA 時代の潮流に逆行する動きである。二国間 FTA が乱立すると、企業のグローバルなサプライチェーンが分断される。また、知的財産権や国有企業など質の高いルール作りを目指してきたアメリカのリーダーシップの後退と中国の台頭を招いてしまう。

　APEC（Asia-Pacific Economic Cooperation：アジア太平洋経済協力）は将来的に「アジア太平洋自由貿易圏」（FTAAP：Free Trade Area of Asia-Pacific）の実現を目指しているが、これには、TPP ルートと RCEP ルートの二通りのルートがある。日本は、対中戦略の一環としても、TPP ルートを重視している。これに対して、TPP 頓挫を好機と見た中国は、RCEP ルートを主張し、FTAAP 実現を主導する構えである。TPP11が発効し、将来的にアメリカが TPP に復帰すれば、TPP ルートが復活することになる。

7　「2017年 USTR 通商政策課題」

Ⅲ　日本の通商戦略

　こうしたなか、日本は、①TPP11、②日EU・EPA、③RCEP、④日米経済対話の4つの交渉をセットにして、同時進行させる「4方面作戦」を取っている。日EU・EPA、TPP11、RCEPの発効によって、アジア太平洋地域の通商から締め出されるとアメリカを焦らせる一方、日米経済対話を利用して、アメリカにTPP復帰を促す作戦である。2018年に入って、1月のダボス会議で、トランプ大統領は、再交渉の上、TPPへの復帰を示唆した。また、4月に、同じく、TPPの再交渉をUSTRに指示するとの発言を行った。これは秋の中間選挙を控え、日本への食肉輸出促進によって農業票を確保することを狙った発言と解釈されている。

　この「4方面作戦」の現状を見ると、①TPP11については、アメリカの要求で盛り込まれた20項目を凍結することで、大筋合意（2017年11月）し、アメリカが復帰すれば凍結解除するという前提で、2018年3月にチリでアメリカを除く11カ国が署名を行った。②日EU・EPAについては、大筋合意後積み残しとなったISDS（Investor-State Dispute Settlement：投資紛争解決）条項を協定から分離することで決着（2017年12月）している。③RCEPにつては、質の低いレベルで協定の早期合意を優先したい中国に対して、日本はTPP11を梃子に、レベルの高いRCEPを志向している。④日米経済対話については、貿易投資、マクロ経済、分野別協力の3分野だが、ＴＰＰと日米FTAを巡り日米の思惑はすれ違っている。

　今後想定されるシナリオとリスクであるが、日本としては、日EU・EPAとTPP11の早期署名と発効を目指すとともに、RCEPと日米経済対話で首尾よく成果を挙げることが当面の課題である。しかし、TPP11の発効については、NAFTA（North American Free Trade Agreement：北米自由貿易協定）再交渉を最優先するカナダが懸念材料になっている。アメリカは、米韓FTAの見直しについて、北朝鮮情勢が緊迫するなか、安全保障カードも使って、韓国の譲歩を引き出し、通貨安誘導を禁じる為替条項を盛り込むことに成功したと一方的に発表した（2018年4月）。また、日本に対しても、トランプ大統領は、貿易赤字の削減について目に見える成果を求めて圧力を

強める発言をしている。2018年4月中旬の日米首脳会談等では、日本側がアメリカのTPPへの復帰を求める一方、米国側は二国間FTAを選好するという立場を鮮明にした。今後、二国間貿易について、アメリカによる保護主義的な措置の発動を回避することができるのか、また、日米FTA交渉よりもアメリカのTPP復帰への道筋を優先できるのか正念場に差し掛かっている。

＜参考文献＞
・篠原尚之（2018）『リーマンショック―元財務官の回想録』毎日新聞出版
・張礼卿・楊暁竜（2016）「『一帯一路』構想と人民元の国際化」JST、50-59項
・中林伸一（2017）、「IMFの金融為替政策と国際通貨制度」、The Keizai Seminar February/March 2017、89-100項
・金京拓司（2011）『為替レート制度選択の経済分析―東アジア持続的成長の条件―』東洋経済新報社
・馬田啓一「アジア太平洋の通商秩序を揺るがすトランプ米政権」、世界経済評論（2018年3・4月号）
・Angrick, S. and Nakabayashi, S.（2017）, "Twenty years after the Asian financial crisis: The evolution of Asian financial cooperation", Posted on Asia Pathways, May 30, 2017.
・Kawai, M.（2015）, "From the Chiang Mai Initiative to an Asian Monetary Fund", ADBI Working Paper No. 527, May 2015.
・Siregar, R. Y., & Miyaki, K.（2015）. The Chiang Mai Initiative and the Future of East Asian Regional Macroeconomic and Financial Cooperation. Routledge.
・財務省「アジアにおける地域金融協力・二国間支援」（http://www.mof.go.jp/international_policy/financial_cooperation_in_asia/index.html）
・AIIB
（https://www.aiib.org）
・AMRO

（www.amro-asia.org）

・ Asian Bond Online
（https://asianbondsonline.adb.org/documents/abm_nov_2017.pdf）

第 **2** 章

ベトナム経済と金融資本市場
～Benchmarking と
国際機関の評価～

■ 第1節 ■

はじめに―ベトナム概観

　ベトナムは、日本よりやや小さい32万9,241km²の国土を持ち、人口（2016年・ベトナム統計総局）は約9,270万人と、東南アジアの中ではインドネシア、フィリピンに次ぎ大きな国である。民族としては、キン族（越人、ベト族とも言う）が全国民の約86％を占め、他に53の少数民族が暮らす。言語はベトナム語で、宗教は仏教が中心であり、その他カトリック、カオダイ教等が存在する。

　政体は、社会主義共和国であり、2018年2月現在、元首はチャン・ダイ・クアン国家主席、政権党は唯一の合法政党である共産党で、党首のグエン・フー・チョン書記長が最高実力者と言われる。行政府の長はグエン・スアン・フック首相である。

　近年の内政を見ると、1986年の第6回党大会で採択された「ドイモイ（刷新）」路線を継続し、国際経済へ積極的に参入してきている。他方、近年、貧富の差の拡大、汚職の蔓延、官僚主義の弊害、環境破壊などのマイナス面が顕在化してきたため、党・政府は汚職防止の強化、行政・公務員改革を推進しているとされる。

　主要産業は、コメ、コーヒー、ゴム等の農林水産業、南部沖油田等に代表される鉱業、携帯電話や衣料等の製造業が中心となっている。主要輸出品目は縫製品、サムソン電子等の携帯電話・同部品、PC・電子機器・同部品、履物、機械設備・同部品等であり、米国・中国・日本・韓国・香港が主要仕向地となっている。また主要輸入品目は、機械設備・同部品、PC・電子機器・同部品、布地、携帯電話・同部品等、中間財・資本財が多く、内需や輸出が増えれば輸入も増える貿易構造になっている。主要輸入国・地域は、中国・韓国・日本・台湾・タイである。為替相場制度は、管理フロート制（バンドの中のクローリング・ペッグ制）で、毎日公示される中心相場の±3％の取引バンド内での取引が認められている。

　農林水産業の付加価値割合は2割弱に落ちているものの、依然として全雇

図表2−1　産業分野別付加価値/GDP比（%）

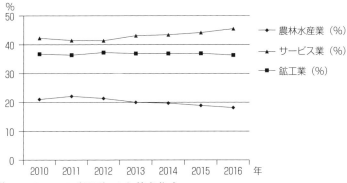

（出所）World Bank（2018）より筆者作成

図表2−2　産業分野別従事者/全雇用者（%）

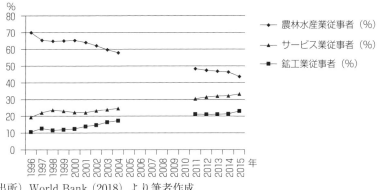

（出所）World Bank（2018）より筆者作成

用者の40%以上が農林水産業に従事している（図表2−1、2−2参照）。

　近年のベトナム経済は、1989年頃よりドイモイ政策の成果が上がり始め、1995〜96年には9%台の経済成長率を記録した。アジア経済危機の影響から一時成長が鈍化したが、対内直接投資（FDI）の増加もあり、2000〜2010年の平均経済成長率は7.26%の高成長を記録し、（低位）中所得国となった。2011年以降、マクロ経済安定化への取り組みに伴い、成長率が若干鈍化した一方でインフレを抑制しつつ安定的に成長を続けている（図表2−3、2−4参照）。ベトナムは2007年のWTO加盟・2015年のEUとの自由貿易協定

図表2-3　経済成長率・インフレ率の推移

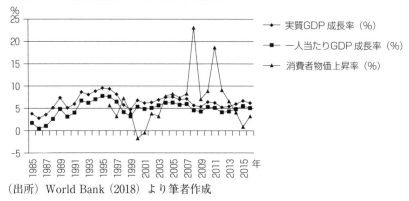

(出所) World Bank (2018) より筆者作成

図表2-4　貿易サービス収支・経常収支・FDI（純流入）の対GDP比（%）

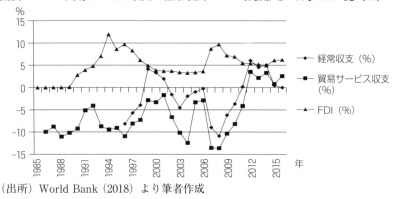

(出所) World Bank (2018) より筆者作成

であるEVFTA合意・TPP11参加といったFTA/EPA（経済連携協定）の推進など、一層の市場経済化と国際経済への統合を推進しているが、未成熟な投資環境・国営企業の非効率性・国内地場産業の未発達等の課題を未だに抱えているといわれる。[1]

　ベトナムの開発指標と援助について見ると、一人当たりGNIは1989年の220ドルから2016年には2050ドルへと急速に増加している（図表2-5参

---

[1] 外務省ホームページより。

図表2-5 ベトナム一人当たりGNIの推移（ドル）

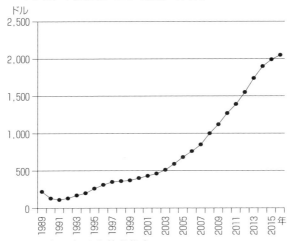

（出所）World Bank (2018) より筆者作成

図表2-6 ベトナム開発指標の推移

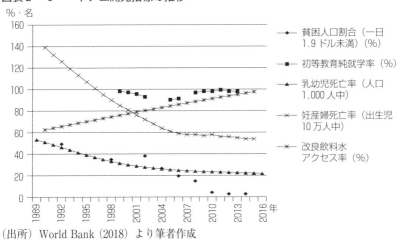

（出所）World Bank (2018) より筆者作成

照）。また、貧困・医療・衛生指標も大幅に改善している（図表2-6参照）。主要援助ドナーは日本・韓国・ドイツ・オーストラリア・フランスだが、1995年以降日本がOECD加盟国の中では圧倒的なトップドナーとなっている（図表2-7参照）。

図表2−7　対ベトナムODAの推移（各国左目盛）

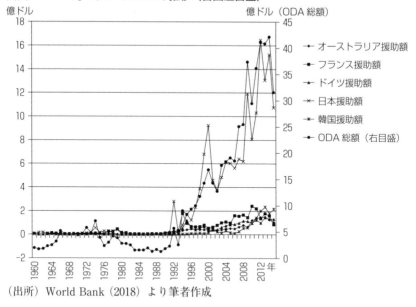

（出所）World Bank（2018）より筆者作成

　このような中、近年のベトナムの良好な経済パフォーマンスは、急速な信用増加と財政緩和に依存しており、「中期的な金融・財政リスクが増大している」との国際機関の評価がある（World Bank（2016））。このような認識はどこから来ているのであろうか。以下本章では、近年のベトナム経済を国際機関の報告書を基に概観した後、国際通貨基金（IMF）/ 世界銀行等の国際機関で各国の最適な金融深度・アクセス・多様性を測定するために用いられるようになった「金融可能性フロンティア」の概念、その導出のためのベンチマーキングについて説明し、各金融指標のベンチマークを推定した上で、ベトナムでの推計値と実態との乖離（Gap）を用いてベトナムの金融機関と証券市場の課題を検討する。更に、IMF/ 世銀のベトナム金融資本市場についての評価を概観し、ベンチマーキングによる評価の重要性を指摘する。最後に、補論として、IMFで開発され「金融部門評価プログラム」（FSAP）や「IV条コンサルテーション」でも用いられるようになった包括的指標である「金融発展度指数」の概要とベトナムへの適用結果を示す。

■第2節

近年のベトナム経済

　世界銀行、国際通貨基金（IMF）、アジア開発銀行（ADB）等の国際機関の分析を基に、近年のベトナム経済を概観してみよう。

I　経済成長とインフレ・国際収支

　世界的な景気低迷の中で、ベトナム経済は、頑健な国内需要と輸出志向型の製造業に支えられて活況を継続している（World Bank（2016））。

　近年のベトナムは堅調な成長を持続するとともに、インフレ率は低く、国際収支も黒字化してきた。物価については、2015年に記録的な低インフレ率となった後、インフレ率は医療・教育関連公共料金の引き上げで上昇したが、基調的なコア・インフレは低水準で、2017年1－8月には政府目標の5％を下回り、3.8％の上昇にとどまった（ADB（2017））。

　経常収支は輸入の低迷により黒字幅が拡大したものの、2017年前半には輸入が増えGDP比△1.2％の赤字となっている（ADB（2017）。FDIの流入も堅調で、2017年前半には前年比5.1％増となっている（ADB（2017））。ベトナム向け証券投資は限定的だったことから近年の金融危機等で大きな影響は受けなかった。国際収支ポジションの改善により、ベトナムドン為替レート

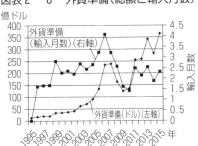

図表2－8　外貨準備（総額と輸入月数）

（出所）World Bank（2018）より筆者作成

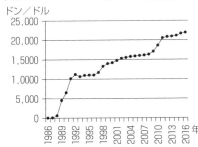

図表2－9　ベトナムドン／ドル為替レート

（出所）World Bank（2018）より筆者作成

第2章　ベトナム経済と金融資本市場　43

は安定的に推移してきたが、先ごろの米ドルレートの上昇によりドンは減価
している（図表2－9参照）。外貨準備は2016年末で輸入の2.2か月分と低水
準にあるものの増大傾向にある（IMF（2017））（図表2－8参照）。しかし、
米ドルの増価・主要貿易相手通貨の減価により、ドンの実質実効為替レート
の増価・輸出競争力への悪影響が懸念されている（World Bank（2016））。

Ⅱ　財政状況

　ベトナムの財政状況は必ずしも良好ではない。財政赤字が大きく、政府は
中期的な財政再建にコミットしている。財政赤字/GDP 比は、2015年まで
の5年間平均で5.5%となり、2016年も約6%の赤字となっている[2]。債務危
機のリスクは低いものの、公的債務は上限である GDP 比65%に接近してい
る（IMF（2017）によれば、2016年末で62.4%）。

　中期的に財政の持続可能性を確保するため、2016年11月9日にベトナム国
会で採択された「中期財政計画2016-20」では、2020年までに財政赤字を
GDP 比3.5%まで縮小していくことを目指している。World Bank（2016）
によれば、目標達成のためには歳入・歳出面の施策と歳出の効率化が必須の
状況となっている。

Ⅲ　構造改革

　World Bank（2016）によれば、生産性向上による成長モデルを支えるた
めには、「構造改革の深化と加速が極めて重要」とされている。現在のベト
ナムの経済成長は、生産要素の増大（資本・天然資源・低技能労働）とマク
ロ経済政策（財政・金融緩和）に過度に依存し、全要素生産性増加の寄与が
低減する構造的な制約に直面している。2016年11月国会で採択された「経済
再建計画2016-20」は、全要素生産性向上のために、①銀行システムの安定
と資本市場の育成、②国有企業部門の効率改善、③公共投資の強化、④民間

2　他方、ADB（2017）によれば、国有資産売却、天然資源税導入により、2017年前半
　の財政赤字は0.9%へと大幅に縮小した。

部門の生産性・ダイナミズムの向上の4分野を5年間の構造改革における優先分野として再確認した。このように、ベトナム政府も持続的な経済成長を図るため、銀行システムの安定と資本市場の育成が極めて重要であることに同意している。

Ⅳ　経済見通し

　ベトナムの近年のマクロ経済パフォーマンスと中期見通しを図表2−10に示す。ベトナムの中期経済見通しは良好である。堅調な内需と輸出志向の製造業に支えられて2016年のGDP成長率は6.2％となった。2017年には農業部門・世界経済の回復によりGDP成長率は6.3％へと若干改善した見込みである。インフレ率は2016年には目標の5％を下回り、2017年には公共料金の引き上げが落ち着きインフレ目標内にとどまった。経常収支は貿易収支の改善により黒字が続くが、2017年は輸入の増大により経常黒字が減少した模様である。財政赤字は2016年にはGDP比6％程度と高いままだが、中期的には政府のコミットメントに合わせて調整される見込みである。

図表2−10　ベトナムのマクロ経済指標の推移
（下表右側は、ADB "Asian Development Outlook-Update" 2017年11月）

年	2013	2014	2015	2016 (f)	2017 (f)	ADO2017Update		
						2016	2017	2018
GDP成長率(%)	5.4	6.0	6.7	6.0	6.3	6.2	6.3	6.5
消費者物価上昇率(年率%)	6.6	4.1	0.6	2.7	4.5	2.7	4.5	5.5
消費者物価上昇率(年末比%)	6.0	1.8	0.6	4.9	3.7			
経常収支(GDP比%)	4.5	5.1	0.5	1.5	0.8	3.3	1.0	2.0
財政収支(GDP比%)	−7.4	−6.2	−6.0	−6.0	−4.5		−3.5	− 4
公債残高(GDP比%)	54.5	59.6	62.2	64.6	65.2			

（出所）World Bank（2016）、ADB（2017）より筆者作成

第2章　ベトナム経済と金融資本市場　45

■ 第3節

ベトナム金融資本市場のベンチマー キングと金融可能性フロンティア

Ⅰ 「金融可能性フロンティア」とは（理論）

近年、各国経済の金融発展の最適値を示す「金融可能性フロンティア」の研究が進んでいる。ここでは、Beck.et.al.（2013）に基づき、その理論を紹介する。

1．状態変数（State variables）

まず、「金融可能性フロンティア」を形成する「状態変数」（State variables）について説明する。「状態変数」とは、短期的には政策策定者が動かせない、金融サービスの需給に影響する要因で、「構造特性」と「長期政策変数」を含む。

「構造特性」（構造状態変数）には、①市場規模（多様化・リスクヘッジの可能性、集中リスクに影響）、②人口年齢構成（貯蓄行動・金融サービス需要に影響）、③地理的構造・人口分布（金融サービス配分コストに影響）、④所得水準（採算の取れる需要量、金融サービス提供コストに影響）などが含まれる。

他方、金融深化に影響する「長期政策変数」には、マクロ経済基盤、技術、契約・情報枠組み、規制・監督枠組み等、金融部門に直接関連する制度政策変数が含まれる。

2．金融可能性フロンティア

「金融可能性フロンティア」とは、このような状態変数や市場の欠陥を考慮した上での最適な需給均衡であり、①持続可能な最大「深度」（信用量・預金量）、②「アウトリーチ」（サービスにアクセスできる人口シェア）、③

図表2−11　金融可能性フロンティアの概念図

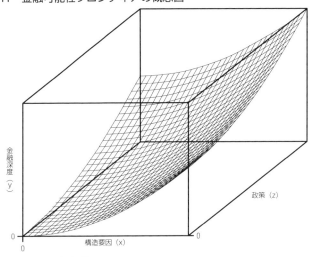

（出所）Beck.et.al.（2013）

金融システムの「広がり」（銀行・長期債・株式市場・非上場株式・契約貯蓄組織等、国内長期金融機関等の多様性）で定義される。

　しかし、実際の金融の深度・アウトリーチ・広がりはフロンティアから乖離しており、フロンティア以下の状態であれば長続きするが、フロンティアを超える金融システムは持続可能でない。図表2−11は典型的な「金融可能性フロンティア」を示している。この三次元図のx軸（横軸）は構造状態変数の大きさ、z軸（縦軸）は政策状態変数の大きさを示し、y軸（高さ軸）が金融発展の「深度」を表している。x軸では右に行くほど構造状態変数（規模、人口動態構造、社会・政治状況等）が改善し、金融深化が進む。z軸では奥に行くほど長期の制度・政策（マクロ経済安定、契約枠組み等）が改善し、金融深化が進む。

　このようにして形成される「金融可能性フロンティア」平面は、一定の構造・政策変数の下で長期的に持続可能な金融発展水準と言える。フロンティア平面より下では、現在の需給制約の下で最適な実行可能水準に達していない。他方、金融深度がフロンティア平面より上であれば、持続不可能で脆弱な状態と言える。「構造特性」が劣る国は、金融可能性フロンティアを高め

るには、良好な「制度・政策」の構築・実施が特に重要となる。

3．持続可能な金融部門深化に対する課題

「金融深化」が最適でないか持続可能でないケースとして、以下の3つが考えられる。

①状態変数の欠陥により、同等の経済発展レベルの国より金融可能性フロンティアが低い。この場合には、更なる制度改革が必要となる。小規模経済であれば、貿易開放度を高めグローバリゼーションの恩恵を受けるべきであるし、希薄な人口であれば、技術革新や、支店網に頼らないサービスの提供が必要となる。

②状態変数は良好だが、需給制約により金融システムがフロンティア以下の場合、最適ではない。（ⅰ）需要側の制約として、金融リテラシー不足やマクロ経済悪化等による投資プロジェクト不足に基づく、融資希望数の低さ等が考えられる。また、（ⅱ）供給側の制約として、競争の欠如、規制によるアクセス・新商品の提供・信用情報共有に対する制約等が考えられる。

③金融システムがフロンティア以上に位置している場合には、金融システムがファンダメンタルズを超えて持続不能な水準まで拡大しており、システミックな金融危機に晒されている。例えば、金融緩和政策に促された経済の「過熱・崩壊」サイクル、拙劣な規制・監督枠組みの下での信用膨張と崩壊、金融イノベーションと規制緩和による金融深化と不安定化、途上国のガバナンス問題（監督・市場規制不足）による金融可能性フロンティア超過などが考えられる。

このように「金融深化」と「安定化」との間にはトレードオフの関係がある。社会によって、深度ある金融システムを達成するため高リスクを辞さない社会もあろうし、安定性を確保するため金融深化を制限する社会もあろう（図表2−12）。そのため、金融システムをフロンティアに近づかせるが、超過させかねないような政策（例えば、新規市場参加者・新商品・新規サービスの増大等の「競争促進政策」）を採る場合、イノベーションを促進するとともに過剰なリスクを取らないような規制枠組みが必要となる。

図表2-12 深度・安定性のトレードオフ

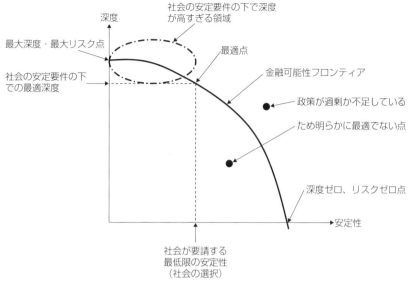

(出所) Beck.et.al. (2013) より筆者作成

　このような課題に対処し、持続可能で最適な金融部門の発展を達成する適切なポリシー・ミックスを策定するには、ベンチマーキングの手法で推定された金融可能性フロンティアとの比較でその国の金融システムがどこにあるかを特定することが必要となる。その国の金融システムとフロンティアとの位置関係に基づき、①「市場発展政策」(Market developing policies)（金融可能性フロンティアを外側にシフトさせる長期的政策）、②「市場活用政策」(Market enabling policies)（金融システムを金融可能性フロンティアに近づける中短期の政策や規制改革）、③「市場抑止政策」(Market harnessing policies)（金融システムが金融可能性フロンティアを超えることを抑止する政策）のいずれを採るかを決めることになる。
　その他、一定の金利で商業的に採算の取れる形で金融機関・証券市場から資金調達できる中小企業の最大シェアを表す「アクセス可能性フロンティア」も、各国のミクロデータを用いてベンチマーキングを行うことにより推定できる。「アクセス可能性フロンティア」も上記の状態変数やその国の貸

付技術・リスク管理手段・信用登録等の状況に依存している。

Ⅱ　金融構造のベンチマーキング－金融可能性フロンティアの導出(実証分析)

　近年、各国経済の金融発展の最適値を示す「金融可能性フロンティア」の研究が進んでおり、その関係で各国の需給関係を示す所得水準・人口規模（市場規模の代理変数）・人口密度（金融取引の容易さの代理変数）・高齢依存人口（貯蓄動向の代理変数）で、各国の構造特性から導かれる金融発展の水準（構造的深化ライン）等を「ベンチマーク」する試みがなされている。

　各金融サービスは、以下の推定式により「ベンチマーク」水準が求められる。

$$FD_{i,t} = \beta X_{i,t} + \varepsilon_{i,t}$$

　ここで、FD は特定の金融発展指標（自然対数値）、X は一連の各国に特有な構造要因、i は国、t は時間を表す。

　Beck et.al.（2013）、De la Torre et. al.（2013）は、初期の一人当たりGDP と成長率、その交差項、人口規模、石油輸出国・オフショア金融センター・体制移行国の各ダミー変数を説明変数として、各金融発展指標の「分位値回帰」（Quantile regression）を行い、中位値の係数推定値でベンチマーク水準を推計している。

　本章の推定式も、各国の金融発展度と共に変化すると考えられる以下の構造特性を含んでいる。

①一人当たり GDP（自然対数値）及び（非線形性を考慮して）その二乗値（低所得に伴う需給制約の代理変数）

②人口規模（自然対数値）（「規模の経済」を考慮した市場規模の代理変数）

③人口密度（自然対数値）（地理的制約や金融サービス提供の容易さの代理変数）

④高齢依存比率（自然対数値）（人口動態と貯蓄行動の代理変数）

　他方、Beck et.al.（2013）等が用いたダミー変数（オフショア金融センター、市場移行国、石油輸出国）については、金融システムの発展に影響を与える特定の環境がこれらに限定される訳ではないので、今回の推定から外

図表2-13 各金融変数のベンチマーキングのためのパネル推定

被説明変数 説明変数	Ln(銀行預金/GDP(%))	Ln(国内銀行民間信用/GDP(%))	Ln(国内民間信用/GDP(%))	Ln(上場株価総額/GDP(%))	Ln(株式取引高/GDP(%))	Ln(株式回転率(%))	Ln(債務/GDP(%))	Ln(年金資産/GDP(%))	Ln(銀行信用/預金比率(%))	Ln(銀行貸付利用企業比率(%))	Ln(政府・SOE信用/GDP(%))
定数	-1.502*** (-7.72)	-0.704*** (-2.78)	-0.578** (-2.27)	-6.468*** (-9.05)	-15.82*** (-10.95)	-9.484*** (-8.43)	-3.237* (-1.88)	4.099*** (3.51)	5.079*** (29.93)	1.517*** (4.09)	-6.903*** (-14.46)
Ln(一人当たりGNI)	0.840*** (18.99)	0.501*** (8.74)	0.451*** (7.84)	0.968*** (5.92)	0.648** (2.07)	0.460* (1.78)	-0.164 (-0.45)	-0.434* (-1.66)	-0.242*** (-6.30)	0.523*** (5.02)	1.262*** (11.77)
(Ln(一人当たりGNI))^2	-0.033*** (-11.99)	-0.010*** (-2.88)	-0.007** (-2.04)	-0.020** (-2.08)	0.025 (1.39)	6.94E-05 (0.005)	0.048** (2.34)	0.094*** (6.09)	0.017*** (7.10)	-0.031*** (-4.50)	-0.064*** (-9.94)
Ln(人口規模)	-0.013*** (-3.38)	0.011** (2.05)	0.022*** (3.92)	0.188*** (17.23)	0.594*** (30.01)	0.477*** (32.42)	0.150*** (6.86)	-0.088*** (-3.20)	0.013*** (4.41)	-0.082*** (-38.26)	0.121*** (12.18)
Ln(人口密度)	0.131*** (22.77)	0.067*** (10.32)	0.059*** (9.08)	0.166*** (12.95)	0.201*** (7.93)	0.074*** (4.31)	0.052* (1.86)	-0.168*** (-5.69)	-0.067*** (-13.68)	0.038*** (4.06)	0.197*** (17.48)
Ln(高齢(65歳以上)人口比率)	0.079*** (4.45)	0.195*** (10.69)	0.194*** (10.64)	-0.458*** (-13.34)	-0.423*** (-5.00)	0.071 (1.13)	0.415*** (8.31)	-1.679*** (-12.50)	0.160*** (12.33)	0.471*** (15.84)	0.117*** (2.82)
自由度修正済みR^2	0.830	0.753	0.742	0.810	0.798	0.800	0.552	0.715	0.271	0.932	0.510
国数/サンプル数	176/1533	178/1565	178/1567	111/519	111/569	106/502	108/623	89/290	178/1552	135/214	172/1184

（出所）GFDD、WDIより筆者推定。括弧内はt値で、*、**、***はそれぞれ、10%水準、5%水準、1%水準で有意であることを表す。

した。

　ベンチマークの推定結果は前頁の（図表2－13）の通りである。データ
は、世界銀行の Global Financial Development Database（GFDD）と World
Development Indicators（WDI）を用いて、最大178ヶ国、1960～2015年の
1期5年平均値（12期）によるパネル・データを構築した。推定手法は、ク
ロスセクション・ウエイト一般化最小二乗法（GLS）によるパネル推定であ
る。Beck et.al.（2013）等は分位値回帰の中位値を用いてベンチマークを
構成しているが、分位値回帰推定値を用いる特段の理由は無いので、通常の
パネル回帰で係数（平均値）を推定した[3]。図表2－13に示す通り、係数推
定値はほぼすべて有意で符号条件に合致している。

Ⅲ　ベトナム金融資本市場のベンチマーキング

　この章の主題であるベトナムの金融資本市場は、ベンチマークに比べどの
程度発展しているのであろうか。以下、図表2－13の係数推定値とベトナム
の構造変数を用いて、各金融発展指標のベンチマーク推定値を推計し、現実
値と比較した結果を示す。

1．金融機関・証券市場の「深度」

⑴　金融機関

　銀行の原資（負債）である「銀行預金/GDP」比（図表2－14）を見る
と、ベトナムの比率は総じてベンチマーク推定値より低く、比較的発展が遅
いことがうかがえる。他方、貸出（資産）側の「国内銀行民間信用/GDP」
（図表2－15）は、2000年代に入りベンチマーク推定値を大きく超え、著し
く進展していることが見て取れる。ここには示さないが、銀行以外の金融機
関を含めた「国内民間信用/GDP」もほぼ同じ動きをしている。

　3　Beck.et.al.（2013）では5％未満、95％以上の「異常値」を除去した上で分位値回
　　帰を行っているが、この閾値が異常値とは必ずしも言えないため、ここではすべてのデ
　　ータを用いた。

図表 2 −14 ベトナムの銀行預金/GDP（%）（現実値とベンチマーク推定値）

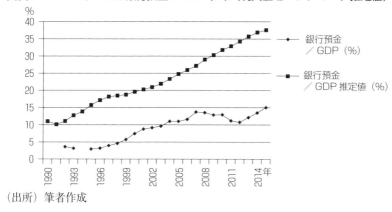

（出所）筆者作成

図表 2 −15 ベトナムの国内銀行民間信用/GDP（%）（現実値とベンチマーク推定値）

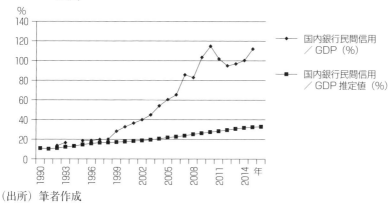

（出所）筆者作成

(2) 株式市場

　証券市場の深度を示す指標の一つである「上場株式時価総額/GDP」（図表 2 −16）は、ほぼベンチマーク推定値に沿って進展しているが、変動が大きい。「株式取引高/GDP」（図表 2 −17）も同様に、ベンチマーク推定値を超えて発展しているが、変動が大きい。株式市場深化のもう一つの指標である「株式回転率」（株式取引高/株式時価総額）も、ベンチマーク推定値を超えているが、変動が大きい。

図表2−16 ベトナムの上場株価総額/GDP（%）（現実値とベンチマーク推定値）

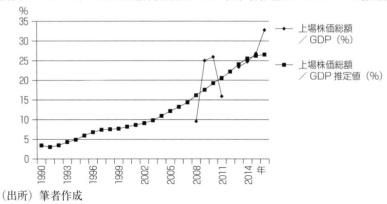

（出所）筆者作成

図表2−17 ベトナムの株式取引高/GDP（%）（現実値とベンチマーク推定値）

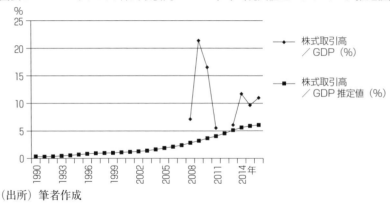

（出所）筆者作成

(3) 債券市場

　一方、証券市場の中でも債券市場の発展は遅い。国内・国際公社債を含む「債券残高/GDP」比（図表2−19）はベンチマーク推定値に比べ、未だに低迷している[4]。

　上記の金融機関・証券市場の現実値とベンチマーク推定値との比較から、

---

[4] 世界銀行の Global Financial Development Database にはベトナムの国際債券のデータしか存在しない。そのため、国内債のデータとして、Asian Bond Online の現地通貨建て公社債（LCB）のデータを用い、両者を足して債券総額とした。LCB には国際債も含まれると考えられ、債券総額は過大評価となっている可能性もある。ちなみに、IMF/World Bank（2014）はベトナムの債券残高が2011年末で15％程度としている。

図表 2-18 ベトナムの株式回転率（%）（現実値とベンチマーク推定値）

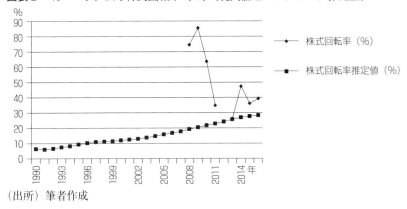

（出所）筆者作成

図表 2-19 ベトナムの債券残高/GDP（%）（現実値とベンチマーク推定値（有意な係数））

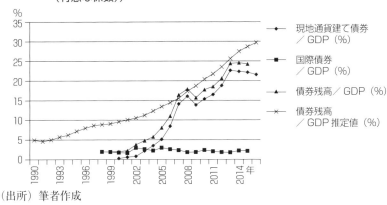

（出所）筆者作成

「金融深度」指標については、以下のように総括できる。
①ベンチマーク推定値に比べ、銀行部門等の信用供与は2000年代以降著しく増大しているが、預金はベンチマークに比べて少なく、レバレッジの高さや過剰な信用供与が疑われる。金融可能性フロンティアの理論に照らせば、フロンティアを超えた持続不能の状態にあるため、監督・規制の強化等の「金融抑止政策」が必要と言える。
②株式市場については、ベンチマーク推定値と同等以上の発展を遂げている

図表2-20　ベトナムの銀行信用／預金比率（％）（現実値とベンチマーク推定値）（有意な係数）

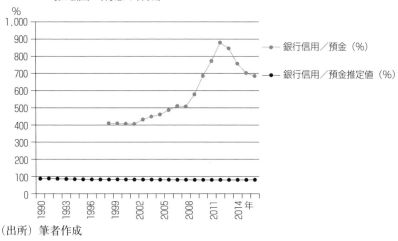

（出所）筆者作成

が、変動が大きく、安定的な進展を図る必要がある。株式市場もフロンティアを超えている可能性があるが、他の東南アジア諸国に比べれば深度は浅く[5]、むしろフロンティア自体を引き上げる「市場発展政策」が必要であろう。

③債券市場の規模は、ベンチマーク推定値を下回って低迷しており、今後とも現地通貨建て等の債券市場育成が望まれる。政策としては、債券発行・流通をフロンティアに近づける信用保証[6]等の「市場活用政策」が必要である。

なお、レバレッジの高さを示す「銀行信用／預金比率」を見てみると、ベンチマーク推定値の4倍から9倍も高く、また近年大きく増大してきた（但し2012年以降は低下傾向）。上記①からも予想されるが、ベトナムの金融機関信用供与はレバレッジが高すぎ、今後、信用不安の可能性も否定できない。

---

[5] 例えば、上場株式時価総額／GDPを見ると、2016年でインドネシア45.6％、マレーシア121.4％、フィリピン78.6％、シンガポール215.7％、タイ106.4％に対し、ベトナムは32.8％と未だに低い。
[6] アジア債券市場育成イニシアティブ（ABMI）の一環である信用保証・投資ファシリティー（CGIF）はその一例であろう。

図表2-21 ベトナムの銀行貸付利用企業比率（％）（現実値とベンチマーク推定値）（有意な係数）

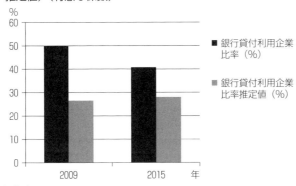

（出所）筆者作成

図表2-22 ベトナムの政府・国有企業（SOE）信用/GDP（％）（現実値とベンチマーク推定値）（有意な係数）

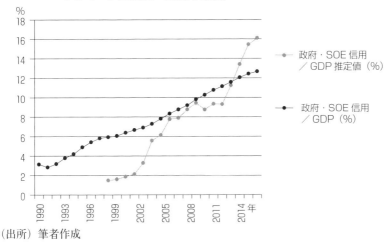

（出所）筆者作成

(4) 金融機関の「アクセス」

 金融アクセスの指標である「銀行貸付利用企業比率」は、ベンチマーク推定値より高くアクセスには優れているが、2009年に比して2015年には比率が低下し、推定値とのギャップが縮小（アクセスが悪化）している。

 他方「政府・国有企業信用/GDP比率」（図表2-22）は近年急速に上昇

図表 2 − 23　金融機関国内信用 /GDP（％：横軸）と銀行貸付企業比率
　　　　　（％：縦軸）の相関

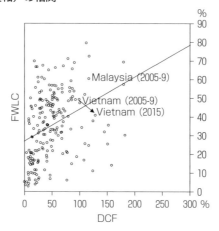

（出所）筆者作成

し、2012年まではベンチマーク推定値に比べて低かったが、2013年以降ベンチマーク推定値を超えた。すなわち、ベトナムの極めて高水準の信用供与は公的部門というより民間部門向けであったものが、近年は（生産性の低い）公的部門への信用も急速に伸びベンチマーク以上となっており、信用不安に陥る危険は更に増大してきていると言えよう。

　上の図表 2 − 23は、世界各国の2005 − 9 年、2010 − 14年、2015年の「金融機関国内信用」（GDP 比：横軸 DCF）と「銀行貸付利用企業比率」（％：縦軸 FWLC）との関係を示したものである。両者の間には正の相関が見られ（相関係数0.358）、2005〜 9 年の期間ではベトナム（DCF：84.49％、FWLC：49.9％）はほぼ回帰直線より上にあるが、2015年には金融機関国内信用 /GDP 比（128.35％）に比べ銀行貸付利用企業比率（40.8％）が低く、回帰直線を下回っている。ちなみに2005 − 9 年の期間にマレーシアは同様の銀行信用 /GDP 比（117％）を持っていたが、貸付利用企業比率は60％と高かった。また上記のように、近年、政府・国有企業信用 /GDP 比が急速に上昇している。従って、近年の急速な金融機関信用の増大は、大企業や政府・国有企業向けの増大によることが大きいと言え、多くの中小企業は銀

図表2−24　世界銀行「Enterprise Survey Vietnam 2015」によるベトナム
　　　　　金融のミクロ特性

金融（2015年）	ベトナム	小企業	中企業	大企業	東アジア太平洋	低位中所得国
当座・貯蓄勘定保有企業（％）	55.8	55.2	55.2	61.6	85.3	74.9
銀行ローン・信用ライン保有企業（％）	40.8	28.8	55.7	57.4	26.8	25.0
内部資金による投資（％）	67.3	71.9	66.4	56.2	85.9	71.0
銀行借入による投資（％）	15.4	10.8	18.3	20.2	6.2	14.6
サプライヤークレジットによる投資（％）	3.6	4.8	2.0	5.1	2.2	2.9
株式発行・売却による投資（％）	8.1	3.1	10.9	14.3	3.6	5.7

（出所）World Bank（2015）より筆者作成

行信用から除外されている可能性が否定できない。

　ミクロレベルでも金融アクセスの問題が指摘される（図表2−24参照）。
世界銀行の「企業サーベイ」（Enterprise Surveys）（World Bank（2015））
によれば、ベトナムでは当座・貯蓄口座保有企業割合は東アジア太平洋平均
より低いにも拘らず、銀行借入を行っている企業割合は高く、特に中・大企
業に顕著である。投資ファイナンスの仕方としては、銀行借入・株式ファイ
ナンスが東アジア太平洋平均に比べて高いが、小企業と中・大企業とで大き
な差があり、中・大企業の割合が高い。このように、ミクロレベルのサーベ
イで見ても、小企業は未だにフォーマルな金融から除外されている可能性が
高い。

■ 第4節

国際機関の評価に見るにベトナム
金融資本市場の課題

　ベンチマーキングで明らかになったベトナムの金融機関・証券市場の課題
は、IMF・世銀等の国際機関の評価にも反映されている。以下では、IMF/

第2章　ベトナム経済と金融資本市場　59

世銀の「金融部門評価プログラム」(FSAP) と IMF 第Ⅳ条コンサルテーションに示された評価を見てみよう。

Ⅰ　IMF/ 世銀の「金融部門評価プログラム」(FSAP)

1．ベトナムの金融構造

　IMF/ 世界銀行は、近年 FSAP に則って、先進国を含む各国の金融資本市場を評価している。ベトナムについて行った直近の FSAP（2014年）は、ベトナムの金融資本市場の現状と課題を以下のように評価している。

　ベトナムの金融システムは、低位中所得国としては大きく、2011年で金融資産は GDP の200％に及ぶ。銀行部門が金融システムを席捲（資産総額は GDP の183％、金融機関資産の92％）しており、高い貯蓄率・経済成長率と他の貯蓄機関の未発達から、国際的に見て銀行部門の預金・与信規模は大きいとされる。

　ベトナムの金融システムは国際的に見て大きいが、不安定な国際環境やマクロ経済政策を反映し、近年変動が大きい。与信は2006年以降変動が大きくなっている。2007年にはベトナムの WTO 加盟に伴う大規模資金流入により54％も増加（GDP 比20％増）したが、世界経済危機の影響で2008年末にかけて与信・経済活動は低迷した。これに対しベトナム政府は拡張的財政金融政策で対応し、2009～10年に与信が急増した。その後引き締め政策に転じ、2011年には与信が低迷した。ベトナム国立銀行は過度の引き締めを懸念して、2012年以降緩和政策（政策金利引き下げ等）を採ったが、与信は低迷したままであった。FSAP は、「2012年以降マクロ経済は安定化したが、金融脆弱性は一貫性ある政策で対処すべき」と評価している。

　ベトナムの金融構造を見ると、銀行部門は大きいものの、非銀行金融機関や証券市場は依然として狭隘である。2011年末で非銀行金融機関（信用組合を含む）の規模は、GDP 比17％、金融機関資産比８％に過ぎず、そのうち金融会社（プロジェクト・ファイナンス、消費者金融等）が GDP 比６％、資産比３％、保険会社が GDP 比４％、投資信託は GDP 比１％未満、民間年金基金は極めて小さなシェアを占めるに過ぎない。社会保障基金が唯一の

60

大規模機関投資家であり、運用年金準備は GDP 比6.5%に上る。

　株式市場は急速に拡大しているが未だに発展の初期段階にある。国有企業（SOEs）の株式会社化によりハノイ・ホーチミンの2大証券取引所での上場企業数は顕著に増大したが、ベトナムの上場企業は小企業がほとんどであるため株式時価総額は比較的小規模にとどまっている（GDP 比約20%）。債券市場も小規模で、国債が支配的である。

２．銀行部門の構造とパフォーマンス

　ベトナムでは銀行部門における国の関与が大きく、国が直接・間接の所有権を有している。2011年末で、国有商業銀行は全資産のうちほぼ40%、全預金の48%を占める。他方、総商業銀行資産に占める外国銀行の割合は小さく、10%程度で安定的に推移している。

　銀行部門の中では、銀行・企業間の株式持ち合い比率が高い。そのため、利益相反や関係機関の問題案件への融資等が懸念される。事実、銀行部門のパフォーマンスは近年悪化しており、体質は脆弱化してきている。全銀行自己資本利益率（ROE）は2007年の1.8%から2012年には0.5%に低下した。この数字自体も、ROE, 不良債権（NPL）比率、資本比率等の金融データの質の悪さにより過大評価されているとされる。

　ベトナムでは多くの銀行で、ローン・ポートフォリオの質や資本の水準に大きな懸念が示されている。報告金融データの調整の仮定が甘く、2012年末の不良債権比率は12%に上昇し、自己資本規制比率（CARs）を大きく引き下げた

　上場企業部門のミクロデータによる補完的な分析でも同様の懸念を生む結果となっている。特に、主要国有企業（特に大企業）への融資の質は悪い。主要国有企業は、債務超過・流動性ポジションの低さ・低業績産業への集中により、民間企業に比べ債務返済が困難となっている。

３．資本市場の進展

⑴　債券市場

　ベトナム国内の債券市場の規模は大きくなく、国債がほとんどを占めてい

第2章　ベトナム経済と金融資本市場　61

る。2011年末で債券残高/GDP比は15％程度で、その90％は公債（財務省債券、政府保証債、地方債）である。国債は3〜5年物の発行が多く、平均満期は3.2年と短い。社債市場は成長しているが、未だ萌芽期にある。

　ベトナム財務省は国債市場育成のための重要な施策を取り始めたが、信用できるベンチマーク・イールド・カーブができるにはまだ多くのことが必要とされる。債券市場育成の制約要因として、①発行市場の問題（過大な新発債、ベンチマークとなる新発債の不在、プライマリー・ディーラー制度の不確実性）、②流通市場の流動性不足、③核となる機関投資家の不在（銀行が内国国債の80％以上を保有）、④必要な債券インフラ・補助サービスの不在等が指摘されている。FSAPは、「国債市場の育成が社債市場の健全な育成の前提条件となる」としている。

(2)　株式市場

　株式市場では、上場企業数は多いが、平均残高が小さい。二大証券市場であるホーチミン証券取引所（HSX：2000年開設）・ハノイ証券取引所（HNX：2005年開設）での上場企業数は2011年末で約700と、ベトナムの所得水準や開設後間もないことを考えると、上場企業数が異常に多い。これは、国有企業の株式公開を通じる「株式会社化」に起因している。大企業株はHSXを中心に取引されているが、HNXは債券取引の中心で、比較的小規模の企業が上場し、非上場の公企業の取引プラットフォーム（UpCom）も存在している。

　2014年のFSAPによれば、株式市場は「これまで「株式化」の導線の役割を果たしてきたが、もっと意味のある役割を果たし得る」とされる。株式時価総額/GDPは2011年末で約20％と、ベトナムの所得水準相応の規模だが、他の東アジア諸国に比べれば極めて低い。これは、上場企業のほとんどが小規模で、上場企業数の割に株式時価総額が低いためである。ベトナムでは業績の良い国有企業は上場しておらず、家族経営企業はディスクロージャーを嫌がる傾向がみられる。そのため、業績の良い大企業を株式化し、ガバナンスや業績改善に資する戦略的な投資家に投資させることにより、上場企業の広がりと質の改善が期待できる。

4．金融包摂性（金融アクセスの拡充）

　FSAP によれば、「ベトナムは金融アクセスの拡充にある程度の進展があったが、更なる拡充の余地が大きい」とされる。中小企業や個人の融資口座普及率は他の国に比べて高水準だが、担保／融資比率は2011年で218％と他の国に比べて高く、担保要件が厳しい。他方、預金口座普及率は他の国に比べて低い。

　ベトナム政府による金融包摂性の拡充政策は、基本的に、政策銀行と少数の国有商業銀行の介入に依存している。金融包摂性を進めるため、ベトナム政府は二つの政府系銀行（ベトナム社会政策銀行（VBSP）とベトナム農業・農村開発銀行（VBARD））を活用している。貸出は規制金利が一般的で、政府系銀行への財政支援により低所得顧客に対する市場金利以下の貸し出しが可能となっている。特に農村では VBSP と VBARD が信用供与を独占している。FSAP によれば、「金融包摂性の更なる進展のためには、金融インフラの強化、制度改革、商品開発が必要」とされている。

Ⅱ　IMF 第 Ⅳ 条コンサルテーション（2017年6月）

　IMF 加盟国は定期的に IMF 協定第 Ⅳ 条に規定する IMF スタッフによる「コンサルテーション」を受けねばならず、その結果は「Ⅳ 条コンサルテーション・ペーパー」として理事会で審議され、理事会の審議内容とともに公開される。近年は途上国のコンサルテーションにおいても金融資本市場の分析が大きなテーマとなっており、ベトナムの直近のコンサルテーション（2017年6月：以下「2017CP」と呼ぶ）でも、Selected Issue として「金融深化」の問題（特に与信増大）が取り上げられ、以下のような分析結果が示されている。

1．ベトナムの金融制度は「銀行中心」で「国有銀行支配」が継続している。他方、非銀行金融機関は小規模で現在育成下にある。ベトナムの金融制度は中所得国としては大きく、与信機関が最大のシェアを持っている。2016年で見ると、銀行資産は GDP 比194％で金融部門全資産の96％を占

第2章　ベトナム経済と金融資本市場　63

図表2−25　民間部門信用/GDP（%）の推移（1995〜2016）

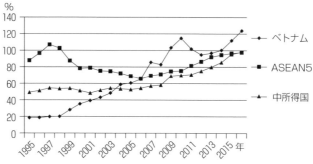

（出所）World Bank（2018）より筆者作成

図表2−26　一人当たりGDP（購買力平価）と民間部門信用/GDP（2016年）

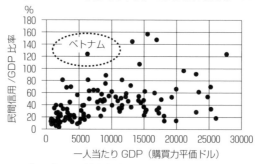

（出所）World Bank（2018）より筆者作成

める（保険3％、証券・投資管理1％）。特に、4大国有銀行[7]が全銀行資産の45％、与信の半分を受け持ち、近年減少はしているものの、著しく国有企業に偏向したポートフォリオとなっている。

　株式時価総額/GDP比は2015年の27％から2016年には33％に大幅に増大したが、（ⅰ）分散投資できる証券商品の欠如、（ⅱ）未発達な社債市場、（ⅲ）企業の国有株の多さ、（ⅳ）資本移動の不自由さと手続き上の制約のため、海外投資家の参加が課題となっている。

2．ベトナムの過去10年の急速な経済発展は、民間部門等への急速な銀行信

---

[7] ベトナム農業農村開発銀行（Agri Bank）、ベトナム投資開発銀行（BIDV）、ベトナム商工銀行（Vietin Bank）、ベトナム外商銀行（Vietcom Bank）

図表2−27 成長の信用集中度（実質信用増加率／実質GDP成長率）

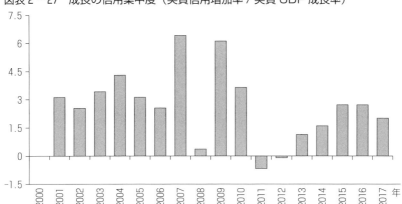

（出所）IMF（2017b）

用の拡大を反映している。銀行信用は過去10年間に年平均24％で拡大した。その結果、民間信用／GDP比率は2000～2015年の間で年平均4.8％で増加を続け、2016年には124％に達し（図表2−25）、ASEAN5、中所得国平均や同様の所得水準の国を凌駕している（図表2−26）。

3．著しい信用増加の中で、信用の生産性（成長の信用集中度（Credit intensity of Growth））や投資収益率は悪化してきている。「成長の信用集中度」（実質信用増加率／実質GDP成長率）（図表2−27）は上昇し、信用増加率はGDP成長率のほぼ3倍にまで上昇した。これは一定の成長を達成するために必要な貸出が増加しており、銀行信用の生産性が低いことを示している。2017CPによれば、「信用増加目標」の設定が非効率な資金配分を招いているとされる。非効率性の一因である国有企業与信／全与信比率は低下（2016年で15％）したが、業績の悪い国有企業へのレバレッジは未だに高い。過去10年間、住宅を含む不動産、金融、個人部門での融資が増加しており、特に、不動産融資は年平均実質29％で急速に増加してきた。しかしながら、不動産部門の生産は実質年率5.2％しか増えておらず、ここにも「融資の低生産性」が見られる。

4．金融アクセス（金融包摂性）はどうであろうか。2017CPによれば、ベトナムでは「中小企業（SME）が信用制約に直面し、資金配分は非効率」

図表2-28 金融発展度指数(1995-2014)

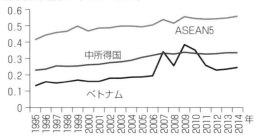

(出所)IMF(2017b)

とされる。そのためGDPに占める投資シェアは2005年以来10%ポイントも低下し、ベトナムは高成長軌道から外れてきている。

2015年の「企業サーベイ」で見ると、中小企業ビジネスの主な制約要因は「資金へのアクセス」であり、大企業(従業員100名以上)では57%が融資枠を保有しているのに対し、小企業(従業員0-20名)の融資枠保有割合は29%に過ぎない(図表2-24参照)。その結果、国有企業・大企業と競合する中小企業は内部資金で投資せざるを得ない。国有企業が投資を削減しても、民間企業の投資は増加せず、GDPの12%程度で低迷している。公共投資も、厳しい財政状況や政府機関(特に地方政府・国有企業)間の協調の欠如により、非効率なままである。

5．IMFが新たに作成した「金融発展度指数」[8]を見ると、ベトナムの金融部門の発展度は過去20年間に改善は見られるものの、新興国の中では未だに低水準にある(図表2-28)。特に、「金融発展度指数」の構成要素を見ると、「金融深度」と「効率」は近隣国・新興国と同程度であるが、「金融アクセス」は、人口10万人中の銀行支店数(4)、ATM数(24)の少なさから、低水準にとどまっている(図表2-29)。

6．2017CPによれば、ベトナムは「更なる金融発展、金融サービスへのアクセス改善、資本市場育成や制度改善により利益」を得る(一人当たり成長率の増大が可能である)とされる。前述のとおり、実証分析によれば、

---

[8] 金融発展度指数の作成方法と成長率等との関係、ベトナムの位置については章末の「補論」参照

図表2－29 金融機関アクセス（2014）

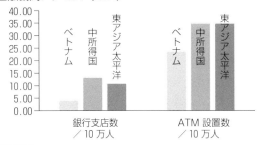

（出所）IMF（2017b）

図表2－30 金融発展度指数の成長促進効果（寄与度）とベトナム
（FD：金融発展度指数（全体）、FI：金融機関指数、FM：証券市場指数）

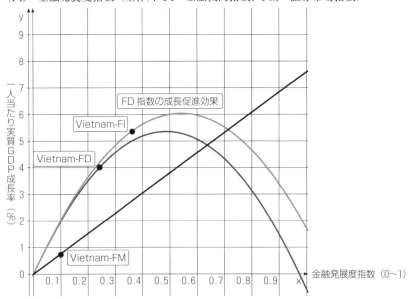

（出所）Sahay.et.al（2015）、Svirydzenka（2016）より、筆者推計。定数項はゼロとした。

　総合的な「金融発展度指数」（FD）（及び金融機関指数（FI））と成長との関係は逆U字の関係にあり、金融発展度指数が0.45～0.7程度までは成長率を高めるが、その水準を超えると成長促進効果は低下する（図表2－30

図表2－31　2013年「金融発展度指数」国別ランキングに見るベトナム

（183ヶ国中：最大値＝1、最小値＝0）

	総合		深度		アクセス		効率	
	順位	指数	順位	指数	順位	指数	順位	指数
金融発展度	95位	0.236						
金融機関	96位	0.364	64位	0.266	126位	0.150	28位	0.684
資本市場	76位	0.103	71位	0.165	107位	0.001	51位	0.125

（出所）Svirydzenka（2016）より筆者作成

参照）。また、過大な「金融深化」が高発展度で成長促進効果を低下させ
ており、ベトナムの場合、個人・中小企業の金融アクセスを改善すれば、
成長率が上昇する可能性が高い（図表2－31参照）。

7．なお、2017CPもベンチマーキング等から、「ベトナムの信用/GDP比
率はマクロ経済を不安定化させる水準に迫っており、今後の潜在的なリス
クが懸念される」としている。ベトナムでは、過去の信用急増は銀行のバ
ランスシートの悪化と高インフレを帰結した。2008～11年の信用増大の大
部分は国有企業と不動産向けであり、それがインフレを悪化（20％以上）
させ、不良債権の急増を招き、銀行部門を弱体化させ、未だに実態経済へ
の重荷となっている。

8．2017CPは結論として、「ベトナム経済は金融セクター改革で大いなる
利益を得る」と述べている。すなわち、①銀行・国有企業改革（信用増加
目標[9]のフェーズアウト等）、②金利規制の撤廃、③公平な競争条件による
信用アクセスの確保により、資金配分を改善し、市場の歪みを無くし、民
間投資と生産性を高めることができる。また、金融機関・証券市場の更な
る深化は、インフラ等の投資ファイナンスにも必要とされる。

9　ADB（2017）によれば、2017年の年間増加目標は18～20％

図表 2 −32　ベトナムの不良債権

（単位：兆ドン、％）

	総融資	不良債権	内訳			不良債権比率 （2016年12月）	不良債権比率 （2015年 6 月）
			NPL	VAMC	決定780		
全銀行部門	5575	470	139	195	136	8.4	12.7
国有銀行	2638	150	43	78	29	5.7	13.7
民間銀行	2937	321	97	117	107	10.9	11.7

（出所）IMF（2017b）より筆者作成

Ⅲ　Legacy Issues：不良債権と国有企業改革

　ここでベトナム経済の「負の遺産」（Legacy Issues）と言われる不良債権問題と国有企業改革についての2017CP の見解を見てみよう。

1．不良債権

　ベトナムの「負の遺産」である不良債権処理には進展がみられる。すなわち、国有商業銀行（SOCBs）の不良債権（impaired loan = Non-performing loans（NPLs）＋ベトナム資産管理会社（VAMC）保有 NPLs ＋条件緩和貸付（restructured loans））比率は2015年 6 月の13.7％から2016年12月には5.7％にまで大幅に減少した。これは、①貸倒引当金勘定繰り入れの進展（VAMC 保有 NPLs の簿価の20％を毎年引当）、②以前の支払い猶予法制（決定780）の下での条件緩和貸付の減少、及び③急速な信用・経済成長によるところが大きい。ただし、NPLs 対応の進展は各国有銀行によって差がある。

　民間銀行の不良債権は若干減少して10.9％となった。不良債権の大部分は少数の民間銀行に集中し、不良債権処理も多様である。不良債権の整理が相当進展している銀行もあれば、ベトナム国立銀行に買収された銀行など、リストラが必要な銀行もある[10]。

10　ADB（2017）によれば、2017年 3 月末で NPLs は総融資残高の2.6％だが、不良債権は10.1％となっている。

2017CP によれば、不良債権処理のファーストベスト政策は、早急な NPL 解消と、銀行にハードな予算制約を課しつつ資本注入することであり、このような政策により、融資配分の質を改善し成長を高めることができるとしている[11]。

２．国有企業改革

ベトナムでは、国家の活動範囲を縮小すべく、国有企業改革を進めており、国有企業改革の新たな法的枠組みでは以下の措置を採ることにより、国家の経済への介入削減を謳っている。

①国有企業として存続する戦略セクターの国有企業リストの明示

②非中核分野への国有企業の投資禁止

③資産収奪を困難にする国有企業ガバナンスの強化

④民営化の加速化候補となる十大健全国有企業名の明示

他方、国有企業や不動産部門は未だに過大な融資シェアを持ち、国有企業は規制上の暗黙の利益を享受しているとされる。IMF の分析によれば、国有企業は民間企業より低い金利で借り入れ、脆弱な国有企業がバランスシートの縮小を防ぐために銀行から借り入れているとの実証結果が出ている。すなわち、国有企業への融資が政府と関係のない民間企業（特に中小企業）の借り入れを「押し出し」、経済成長を低下させたとされる。適正な経済成長を維持するためにも、国有企業改革の一層の進展が求められる[12]。

■ 第5節

結語

本章では、ベトナム経済・金融資本市場について、Benchmarking でも各

---

11 日本の主要銀行の不良債権比率は、最も高かった平成14年3月期で8.4％であったが、不良債権処理により、平成17年3月期には2.9％まで減少した（金融庁（2002））。

12 ADB（2017）によれば、2017年に株式会社化される45社の国有企業のうち、8月までに株式売り出しが行われたのは22社のみで、目標達成は6社のみであった。他方、株式売り出しによる歳入増加はほぼ予想通りで、半年で5億1000万ドル（GDP 比0.5％）の歳入があった（年間目標は GDP 比1.0％）。

国際機関でも以下のような同様の評価がなされていることを示すことにより、金融資本市場評価における Benchmarking の有用性を確認した。すなわち、ベトナムの金融資本市場では、

⑴　銀行信用 /GDP 比が金融可能性フロンティアを超え、危険水準にある。そのため、信用増加目標のフェーズアウト等、過度の金融緩和を適正化することが必要となっている。

⑵　個人・中小企業の金融アクセスには制約があり、ベンチマーク水準を越えてはいるものの、アクセスが悪化してきている。そのため、国有企業への優遇貸付停止等、公平な競争条件の確保が必要となっている。

⑶　株式市場はほぼベンチマーク水準にあるが、多数の小規模企業が上場し、不安定な状態になっている。株式市場の更なる発展のためには、大規模な国有企業の株式会社化・株式公開・上場が必要となっている。

⑷　債券市場はベンチマーク水準に比べ低迷している。金融発展の成長促進効果を持続させるためにも、現地通貨建て債券市場等の更なる育成が必要である。

⑸　ベトナムでは国有企業・不動産への異常な与信増大など過度の金融緩和と、それに続く金融引き締めで不良債権問題が悪化し、ベトナム経済の「負の遺産」となっている。これに対しては、早急な不良債権処理と銀行への資本注入、国有企業改革と政府の関与削減が必要となっている。

　ベトナムでは、経済状態が良好な今こそ、「負の遺産」の解消とともに、金融・資本市場の改革・健全化を実施すべきであり、持続的な高成長を維持するためにも、証券市場の育成や金融アクセスの改善等、更なる金融発展が求められる。

■ 補　論

「金融発展度指数」とベトナム

　「金融発展度指数」（Financial Development Index：FD）（総合）は、世界銀行の世界金融発展データベース（GFDD）等のデータを用いて、図表2－33に示す金融機関・市場の深度・アクセス・効率性指標を、（極端なサン

第2章　ベトナム経済と金融資本市場　71

図表2−33　金融発展指数（FD）の構築指標

	金融機関（銀行・保険等）	証券市場（株式・債券）
深度	1．民間部門信用/GDP（%） 2．年金基金資産/GDP（%） 3．ミューチュアル・ファンド資産/GDP（%） 4．生命・損害保険料収入/GDP（%）	1．株式時価総額/GDP（%） 2．株式取引高/GDP（%） 3．政府国際債券残高/GDP（%） 4．非金融機関債券総額/GDP（%） 5．金融機関債券総額/GDP（%）
アクセス	1．成人人口10万人当り商業銀行支店数 2．成人人口10万人当りATM数	1．10大企業以外の株式時価総額シェア（%） 2．債券発行体総数（内外、金融・非金融）
効率性	1．純金利マージン 2．預貸金スプレッド 3．非金利収入/総収入 4．一般管理費/総資産 5．資本収益率	1．株式回転率（株式取引高/株式時価総額）

（出所）Sahay.et.al.（2015）p.34

プルの影響を避けるため5％以下・95％以上のデータを足切りした上で）最低0・最高1となるよう「基準化」して作成し、主成分分析により求めた各指標のウエイトで（算術）加重平均したものである。

I　金融発展度指数（Financial Development Index：FD）の成長促進効果

　以下の図表2−34は、Sahay.et.al.（2015）による金融発展指数（FD）増大の成長促進効果についてのGMM推定結果と、その定数項を含む二次関数の推定結果に基づいた曲線の最高点に対応するFDの値、及びSvirydzenka（2016）に示されたベトナムの2013年の金融機関・証券市場の深度・アクセス・効率性に基づく金融発展度指数である。また、図表2−35は、Sahay.et.al.（2015）の推定結果に基づくFD（総合指数、金融機関指数（FI）、証券市場指数（FM））の効果を示す曲線（二次関数もしくは一次関数）と、Svirydzenka（2016）に示されたベトナムの各FDの位置（総

図表 2 -34　金融発展度指数（FD）の成長促進効果

（被説明変数：一人当たり実質 GDP 成長率、GMM（一般モーメント法）推定）

FD の種類＼説明変数	全体指数		金融機関	証券市場
	全サンプル	除 OFC	全サンプル	全サンプル
FD	0.220*** (4.567)	0.206*** (3.450)	0.223*** (4.397)	0.076* (1.724)
FD^2	-0.226*** (-3.656)	-0.204*** (-2.881)	-0.206*** (-4.054)	-0.092 (-1.544)
定数	0.008** (2.097)	0.094*** (2.833)	0.065* (1.695)	0.067** (2.008)
最高点対応 FD	0.487	0.505	0.541	単純増加
ベトナムの FD	0.236		0.364	0.103
国数 / サンプル数	128/575	111/497	128/573	118/440

（注）括弧内は z 値

（出所）Sahay.et.al.（2015）及び Svirydzenka（2016）より筆者作成

合：Vietnam-FD、金融機関：Vietnam-FI、証券市場：Vietnam-FM）を示したものである[13]。

　図表 2 -34、2 -35を見ると、金融発展度と成長との関係は金融全体、金融機関（銀行・保険等）の発展度では一次項（正）・二次項（負）いずれの係数推定値も有意で逆 U 字型の関係にあるが、証券市場指数による推定では二次項の係数推定値が有意でなく、単調増加の一次関数となっている。Svirydzenka（2016）によれば、ベトナムは総合指数・金融機関指数ともに最大の成長促進効果を持つ金融発展度指数よりも小さく、成長促進のためには更に金融を発展させるべきであるが、ベトナムの金融機関発展度（FI）（0.364）は最大の成長効果をもたらす FI（0.541）に近く、銀行等の発展による成長促進効果は今後低下していく可能性がある。他方、ベトナムの証券市場発展度（FM）（0.103）は未だに低く、証券市場の発展（証券市場指数

---

[13]　Svirydzenka（2016）は、金融機関の効率性の構築指数に「資産収益率」を含んでいるが、本章ではこれを除いても各国の発展度指数は同様と想定してベトナムを位置づけした。

図表2-35 金融発展度指数(FD)の成長促進効果とベトナム(定数項を含む)

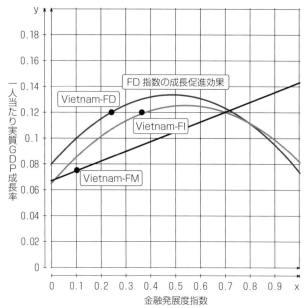

(出所) Sahay.et.al.(2015)及びSvirydzenka(2016)より筆者作成

の増大)は一人当たり実質 GDP 成長率を単調に増加させるため、今後は証券市場の発展がベトナムの成長に大きく寄与することが期待される[14]。

Ⅱ 金融発展度指数の成長変動効果・金融安定化効果

成長促進効果と同様に、金融発展度指数の増大が成長変動(成長率標準偏差の5年移動平均)、金融安定度(zスコア=(資本資産比率+資産収益率)/(資産収益率の標準偏差))に与える効果を推定することができる。以下の図表2-36、2-37はSahay.et.al.(2015)のパネル推定結果に基づく全体指数、金融機関指数(FI)、証券市場指数(FM)、金融機関深度指数

---

14 この推定結果はまた、経済や金融システムが発展するにつれて金融機関の成長促進効果は相対的に低下し、証券市場の成長促進効果が相対的に増大することを再確認する結果となっている。木原(2017)参照。

図表2−36　FD指数の成長変動効果

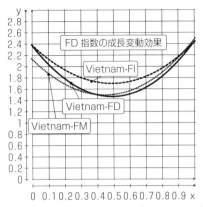

（出所）Sahay.et.al.（2015）及びSvirydzenka（2016）より筆者作成

（FID）の成長変動効果・金融安定化効果を示す曲線と、ベトナムの各金融発展度の位置（全体：Vietnam-FD，金融機関：Vietnam-FI，証券市場：Vietnam-FM、金融機関深度：Vietnam-FID）を示したものである[15]。

　FDの成長変動効果を示した図表2−36を見ると、金融発展度と成長変動との関係は、金融全体・金融機関（銀行・保険等）・証券市場いずれの発展度でも（一次項（負）・二次項（正）いずれの係数推定値も有意で）U字型の関係にあり、FDが0.45〜0.5程度で変動は最低となる。ベトナムはいずれの指数も最小の変動効果を持つ金融発展度指数よりも小さく、成長率の変動を小さくするためには更に金融を発展させるべきであるが、ベトナムの金融機関発展度（FI）（0.364）は成長変動率が最小となるFI（0.491）に近く、銀行等の発展が今後は成長率の変動を拡大させる可能性がある。他方、ベトナムの証券市場発展度（FM）（0.103）は未だに低く、成長変動が最小になる証券市場指数0.445とは大きな差があるので、今後は証券市場の発展がベトナムの成長変動の縮小に寄与することが期待される。

　またFDの金融安定化効果を示した図表2−37を見ると、金融発展度と金融安定性との関係は金融全体、金融機関（銀行・保険等）の発展度では（一

15　成長変動・金融安定化効果の推定結果はここでは省略した（Sahay.et.al.（2015）参照）。

第2章　ベトナム経済と金融資本市場　75

図表2-37　FD指数の金融安定化効果

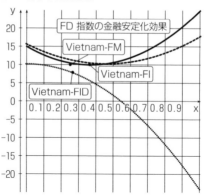

（出所）Sahay.et.al.（2015）及びSvirydzenka（2016）より筆者作成

次項（負）・二次項（正）いずれの係数推定値も有意であり）U字型の関係にあるが、「金融機関深度」でみた発展度（FID）では一次項の係数推定値は有意でなく、二次項の係数推定値が有意に負となり単調減少の二次関数となっている。Sahay.et.al.（2015）は、金融機関の深度増大とともにzスコア（収益ショック時のバッファー）が低下していることに注目しており、ベトナムの金融機関深度（民間信用/GDP比等）は0.266とさほど高くはないものの、今後深度が増大すれば金融危機時のバッファーを減少させることが懸念される。

　このようにベトナムの成長促進・変動緩和・金融収益安定のためには、金融機関の深化より、株式・債券等の証券市場の深化が求められていると言えよう。

＜参考文献＞
・ADB（Asian Development Bank）（2014）"*Vietnam – Financial Sector Assessment ; Strategy and Road Map*"
・ADB（2017）"*Asian Development Outlook 2017 Update*"
・ADB（2018）"*Asian Bond Online*"

- Barajas, Adolfo, Thorsten Beck, Era Dabola-Norris and Seyed Reza Yousefi（2013）"*Too Cold, Too Hot Or Just Right? Assessing Financial Sector Development across Globe*" IMF Working Paper WP/13/81
- Beck, Thorsten and Erik Feyen（2013）"*Benchmarking Financial Systems ; Introducing the Financial Possibility Frontier*" World Bank Policy Research Working Paper 6615
- De la Torre, Augusto, Erik Feyen and Alain Ize（2013）"*Financial Development: Structure and Dynamics*" THE WORLD BANK ECONOMIC REVIEW, VOL. 27, NO. 3, pp. 514-541
- IMF（International Monetary Fund）（2017a）"*Vietnam – Staff Report for the 2017 Article IV Consultation*"
- IMF（2017b）"*Vietnam – Selected Issues*" IMF Country Report No. 17/191
- IMF/World Bank（2014）"*Financial Sector Assessment ; Vietnam*"
- Sahay, Ratnal. Martin Čihak, Papa N'Diaye, Adolfo Barajas, Ran Bi, Diana Ayala, Yuan Gao, Annette Kyobe,Lam Nguyen, Christian Saborowski, Katsiaryna Svirydzenka, and Seyed Reza Yousefi（2015）"*Rethinking Financial Deepening: Stability and Growth in Emerging Markets*" IMF Staff Discussion Note SDN/15/08
- Svirydzenka（2016）"*Introducing a New Broad-based Index of Financial Development*" IMF Working Paper WP/16/5
- World Bank（2015）"*Enterprise Survey Vietnam 2015 Country Profile*"
- World Bank（2016）"*Taking Stock: An Update on Vietnam's Recent Economic Development*" ,
- World Bank（2017）"*Global Financial Development Database*"
- World Bank（2018）"*World Development Indicators*"
- 外務省（2017）「外務省ホームページ」
- 金融庁（2002）「日本の不良債権問題と金融再生」（第3回国際コンフェレンス「金融の安定と金融部門の監督－過去10年の教訓と今後の対応」

・木原隆司（2017）「金融構造と経済成長～東南アジアの証券市場育成支援は正しい方向か～」アジア資本市場研究会『アジアのフロンティア諸国と経済・金融』第1章、日本証券経済研究所

第 **3** 章

包摂的かつ持続可能な資本市場
の構築を目指すフィリピン

第1節

はじめに

　フィリピンは、急速な経済発展を遂げる ASEAN 諸国の中でも特に成長率が高い国である。2010年以降の実質 GDP 成長率は年平均6.4％であり、主要6か国（インドネシア、シンガポール、タイ、フィリピン、ベトナム、マレーシア）の中で最も高い（図表3－1）。国際通貨基金（IMF）によると、2018～2023年も年平均7％近くの経済成長率が続くと予想されている。フィリピンでは2014年に人口が1億人に達し、今後も人口が安定的に増加していく見通しであり、国際連合の中位推計によると、2050年には人口が1.5億人を超えると予測されている。また、中央年齢は24歳と若く、生産年齢人口の割合が高まることで経済成長が促進される人口ボーナス期が少なくとも2050年頃まで続くと推定されている。

　フィリピンにおける金融システムの中心は銀行セクターであるが、企業に対する成長資金の供給を促進し、経済成長の潜在力を顕在化させるためには、投資や資本市場の振興が最も有効であると考えられる。資本市場に参加する国民の割合は現時点ではまだ低いものの、投資家人口は着実に増加している。今後、所得水準の向上に伴って貯蓄の拡大が見込まれる中、貯蓄を投資に回すことが可能な国民が増加していくと期待される。そうした中、包摂的かつ持続可能な資本市場を構築することができるかどうかが重要となる。

図表3－1　ASEAN 主要6か国の実質 GDP 成長率の推移

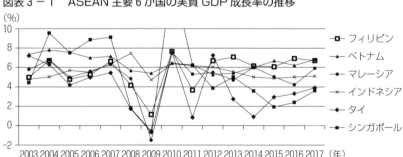

（出所）国際通貨基金より野村資本市場研究所作成

本稿では、フィリピンにおける資本市場のこれまでの発展を踏まえた上で、主な課題と取り組みについて整理し、今後の展望を考察する。

第2節 資本市場のこれまでの発展

I 株式市場

フィリピン証券取引所（Philippine Stock Exchange、PSE）の時価総額は、2003年末の3兆ペソから2017年末には17.6兆ペソへと約6倍に拡大した（図表3－2）。上場企業数については、同期間に235社から267社へと緩やかに増加した。時価総額の対GDP比率は2003年末の65％から2017年末には111％へと上昇し、株式市場の規模は経済成長率を上回るペースで拡大してきた。

上場企業数の増加に比して時価総額が大幅に拡大してきた主な要因として、高い経済成長を背景に株価が堅調に推移してきたことが挙げられる。PSEの代表的な株価指数であるフィリピン総合指数は、2003年始時点で約1,000ポイントであったが、2017年末には8,500ポイント超まで上昇した（図表3－3）。また、上場企業による公募増資も時価総額の増加に寄与しており、近年は公募増資を通じて年平均1,500億ペソ超の資金調達が行われている。

図表3－2　フィリピンの株式市場における時価総額と上場企業数の推移

（出所）フィリピン証券取引所より野村資本市場研究所作成

図表3-3 フィリピン総合指数の推移

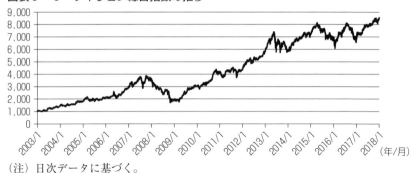

(注) 日次データに基づく。
(出所) ブルームバーグより野村資本市場研究所作成

Ⅱ 債券市場

　フィリピンにおける債券発行残高は、アジア開発銀行（ADB）が管理運営する Asian Bonds Online によると、2003年末の611億米ドルから2017年末には1,502億米ドルへと2倍超に増加した（図表3-4）。2017年末の内訳は、現地通貨建て債券が1,098億米ドル、米ドルを中心とする外貨建て債券が403億米ドルであり、前者の割合は2003年末の51％から2017年末には73％まで上昇した。現地通貨建て債券の発行が外貨建て債券を大幅に上回るペースで拡大してきた背景として、ASEAN+3（日中韓）地域金融協力の枠組みで2003年に開始されたアジア債券市場育成イニシアティブ（Asian Bond Markets Initiative、ABMI）が挙げられる。ABMIの下では、1997年に発生したアジア通貨危機を教訓として、長期の現地通貨建て債券の発行を促進するための様々な取り組みが進められてきた[1]。その結果、債券市場の規模の拡大に加えて、総じて年限も長期化し、発行体は以前よりも安定的に資金調達を行うことが可能となった。

　他方で、現地通貨建て債券発行残高の対GDP比率は2003年末の38％から2017年末には35％へとやや低下した。これは、現地通貨建て債券の約8割を占める政府債発行残高の対GDP比率が低下したことによるものである。債

---

[1] 北野陽平「発展するアジア現地通貨建て債券市場と課題」『野村資本市場クォータリー』2014年秋号（ウェブサイト版）参照。

図表 3 − 4　フィリピンにおける債券発行残高の推移

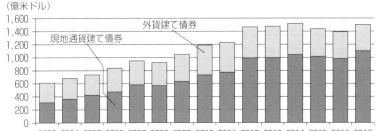

（注）2017年の外貨建て債券は2017年 9 月末時点の数値。
（出所）Asian Bonds Online より野村資本市場研究所作成

券市場の規模という点では政府債の増加ペースは鈍化したものの、見方を変えれば、財政の健全化により政府債への依存度が低下したと捉えることができる。社債発行残高の対 GDP 比率については、同期間に0.2％から6.5％へと上昇した。

第 3 節

資本市場の発展に向けた課題と主な取り組み

Ⅰ　厚みが不十分な株式市場

　フィリピンにおける資本市場の規模は着実に拡大してきたものの、多くの投資家が参加する厚みのある市場とは言い難い。PSE によると、証券口座数は2007年末に43.5万口座であったが2016年末には77.3万口座へと増加した。2016年末の内訳は、国内投資家口座が98.2％、海外投資家口座が1.8％である。投資家人口は増加傾向にあるものの、国内の20歳以上人口に対する比率はまだ 1 ％程度に留まる。
　国民の株式市場への参加率が低い主な要因として、投資の意義や利点が十分に理解されていないことが挙げられる。国際的な格付機関であるスタンダ

ード＆プアーズが2014年に世界140か国以上の約15万人を対象として実施した基礎的な金融知識に関するアンケート調査によると、フィリピンで金融リテラシーを有する成人の割合は25％に留まった[2]。近隣のシンガポールとマレーシアが各々59％、36％、先進国の中で相対的に金融教育が遅れているとされる日本が43％であることに鑑みると、フィリピンにおける金融リテラシーは総じて低いと言える。さらに、証券口座はおろか銀行口座すら保有していない国民が大半を占めている。世界銀行によると、15歳以上の国民の銀行口座保有率は2014年時点で31％であり、金融包摂の推進も重要な課題となっている。

投資家人口が少ないことに加えて、活発に取引している投資家の割合も低い。証券口座全体に占める稼働口座（過去1年間に一度でも取引がある口座）の割合は2016年に33％であった。そうした中、フィリピンの株式市場における流動性は低く、流動性を示す代表的な指標である売買回転率は2017年に12％であった。これは、日本の104％を大幅に下回るだけでなく、タイをはじめとする他のASEAN諸国と比較しても低い水準にある（図表3－5）。売買回転率が低水準で推移している要因の一つとして、株式市場の主な参加者は長期保有を基本とする年金基金や保険会社等の機関投資家であり、個人投資家が積極的に参加していないことが挙げられる。

こうした状況の下、フィリピン証券取引委員会（SEC）は、株式市場にお

図表3－5　ASEAN主要国の株式市場における売買回転率の推移

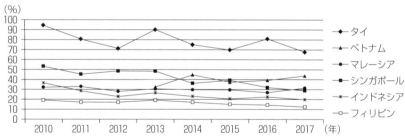

（注）各月のデータを単純平均した数値を用いている。
（出所）国際取引所連合より野村資本市場研究所作成

2　アンケート調査では、基礎的な計算力、複利、インフレ、リスク分散の4分野についての理解度が試される。

ける流動性の向上を目的として、従来10％と定められていた最低浮動株比率を引き上げることを決定した。SECは2017年11月、PSEに新規上場する企業に対して20％以上の浮動株比率を確保することを求める旨の通達を発出した。また、SECは既存の上場企業に対して浮動株比率を2018年末までに15％以上に、2020年末までに20％以上に段階的に引き上げる方針を発表済みである。

　強制的に浮動株比率を高めるこうした施策は流動性の向上につながるものの、根本的な解決策とは言い難い。また、株式市場からの撤退を余儀なくされる企業が出てくるという副作用も懸念される。より健全な形で厚みのある資本市場を構築するためには、金融商品の拡充、資本市場へのアクセスを促進するメカニズムの構築、投資家教育の推進等により、多様な投資家層の参加を促すことが課題となっている。

Ⅱ　株式市場への投資家の参加を促すための取り組み

　SECとPSEは、株式市場への投資家の参加を促すために様々な取り組みを進めている。近年の主な取り組みとして、①上場企業数の増加、②株式市場へのアクセスを促進するインセンティブやメカニズムの導入、③コーポレート・ガバナンスの強化、④投資家教育の推進、が挙げられる。

1．上場企業数の増加

　PSEにとって、上場企業は最も重要なプロダクトである。PSEの2017年末の上場企業数は、前述の通り267社であり、マレーシア取引所の905社やシンガポール取引所の750社を大幅に下回る[3]。上場企業数の増加を図るためには、国内外の企業を誘致する必要がある。ところが、新規株式公開（IPO）件数は過去3年連続で4件に留まっており、タイやインドネシアでは2017年のIPO件数が40件前後であったことに鑑みると、フィリピンにおけるIPOは著しく少ないと言える（図表3－6）。

---

[3]　マレーシア取引所の2017年末の上場企業数は、中小企業向けのLeading Entrepreneur Accelerator Platform（LEAP）市場に上場する2社を含む。

第3章　包摂的かつ持続可能な資本市場の構築を目指すフィリピン　85

図表3－6　ASEAN主要5か国の株式市場における過去3年間のIPO件数

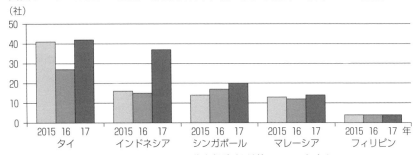

(注) 1．タイとシンガポールは、不動産投資信託等のIPOを含む。
　　 2．マレーシアは、LEAP市場へのIPOを含む。
(出所) 各国証券取引所より野村資本市場研究所作成

　経済成長率が高く、株価も堅調に推移しているフィリピンにおいてIPO件数が少ない主な要因として、財閥中心の経済構造であり、企業は株式市場以外からの資金調達手段を確保していることが挙げられる。代表的な財閥としてスペイン系のアヤラ財閥、華人系のシー財閥、ゴコンウェイ財閥、コファンコ財閥等があり、上場要件を満たす規模の企業はいずれかの財閥に属していることが多く、そうした企業はグループ内の持株会社または金融機関から資金調達している。実際に、フィリピン総合指数を構成する30社は財閥の中核企業（持株会社）と金融機関が中心である（図表3－7）。

　また、上場企業になると、一定数の社外取締役の導入や透明性の高い情報開示が求められるため、IPOを実施するインセンティブが働きにくい。さらに、厚みのある株式市場が構築されていないため、上場後に公募増資により十分な資金調達を行うことができない可能性があり、企業にとってはIPOを躊躇する一つの理由となり得る。流動性を高めるために最低浮動株比率が引き上げられたことで、結果的にIPOを検討する企業にとってはハードルが高まった。

　こうした中、PSEはIPO件数を増加させるために、中小・新興企業向け市場であるSmall, Medium and Emerging（SME）ボードへの上場を誘致

図表 3 - 7　フィリピン総合指数を構成する30社

	社名	業種	財閥	浮動株ベース時価総額（億ペソ）	浮動株比率（％）
1	SM インベストメンツ	コングロマリット	シー	5,117	44
2	アヤラ・ランド	不動産	アヤラ	3,185	52
3	SM プライム・ホールディングス	不動産	シー	3,151	32
4	BDO ユニバンク	銀行	シー	2,731	45
5	アヤラ	コングロマリット	アヤラ	2,362	42
6	バンク・オブ・ザ・フィリピン・アイランズ	銀行	アヤラ	2,356	49
7	JG サミット・ホールディングス	コングロマリット	ゴコンウェイ	1,865	41
8	アボイティス・エクイティ・ベンチャーズ	コングロマリット	アボイティス	1,747	45
9	メトロポリタン銀行	銀行	ティ	1,662	49
10	PLDT	通信		1,588	50
11	ユニバーサル・ロビナ	食品	ゴコンウェイ	1,456	44
12	ジョリビー・フーズ	外食	–	1,344	43
13	セキュリティバンク	銀行		1,037	60
14	インターナショナル・コンテナ・ターミナル・サービシズ	港湾		1,033	51
15	GT キャピタル・ホールディングス	コングロマリット	ティ	975	44
16	マニラ電力	電力	ゴコンウェイ	765	21
17	メトロ・パシフィック・インベストメンツ	インフラ		694	42
18	LT グループ	コングロマリット	ルシオ・タン	557	26
19	アボイティス・パワー	電力	アボイティス	538	19
20	メガワールド	不動産	アンドリュー・タン	510	34
21	サンミゲル	コングロマリット	コファンコ	508	15
22	ピュアゴールド・プライス・クラブ	小売	–	476	33
23	グローブ・テレコム	通信	アヤラ	468	22
24	DMCI ホールディングス	建設	コンスンジ	468	28
25	ロビンソンズ・リテール・ホールディングス	小売	ゴコンウェイ	463	38
26	アライアンス・グローバル・グループ	コングロマリット	アンドリュー・タン	433	31
27	ロビンソンズ・ランド	不動産	ゴコンウェイ	400	39
28	セミララ・マイニング・アンド・パワー	石炭・電力	コンスンジ	354	26
29	ファースト・ジェン	電力	ロペス	206	33
30	ペトロン	石油	コファンコ	205	24

（注）　1．浮動株ベース時価総額は2018年4月5日時点の数値。

　　　　2．20％以上の株式を保有する企業グループの財閥名を記載している。オーナー系企業であっても、一般的に財閥と称されない場合、その名称を記載していない。

　　　　3．タン財閥のみ、ルシオ・タン財閥とアンドリュー・タン財閥を区別するためにフルネームで表記。

（出所）フィリピン証券取引所より野村資本市場研究所作成

している[4]。背景として、フィリピンの経済においては中小企業の存在感が大きいことが挙げられ、中小企業は雇用で全体の6割超、GDPで4割近くを占めている[5]。世界銀行グループの国際金融公社（IFC）の調査によると、中小企業の5割は金融サービスに十分にアクセスすることができていない。こうした状況を踏まえると、資本市場は中小企業の成長資金を供給するという重要な役割を担っていると言える。

　SMEボードは、本則市場のメインボードよりも利益基準等の上場要件が緩和されている。具体的には、メインボードの主な上場要件として、①IPO申請直前の3事業年度における特別損益を除く利払い前・税引き前・減価償却前利益（EBITDA）の累計が5,000万ペソ以上であること、②IPO申請直前の3事業年度における各事業年度のEBITDAが1,000万ペソ以上であること、③授権資本が5億ペソ以上であること、④IPO時点で時価総額が5億ペソ以上になること、⑤IPO直後の株主数が1,000人以上になること、が求められる。これに対し、SMEボードでは、①IPO申請直前の3事業年度における特別損益を除くEBITDAの累計が1,500万ペソ以上であること、②IPO申請直前の3事業年度のうちの2事業年度におけるEBITDAが黒字であること、③授権資本が1億ペソ以上であること、④IPO直後の株主数が200人以上になること、が求められる。

　PSEは、商工会議所等と連携し、中小・新興企業向けに上場のプロセスや意義・メリットを教育するメンタリング・プログラムを提供している。しかし、2018年3月末時点でSMEボードの上場企業数は4社に留まり、これまでのところ中小・新興企業の上場促進に向けた取り組みは成果につながっていない。中小・新興企業向けの啓蒙活動には長い時間を要すると考えられるため、今後もこうした取り組みが継続されることが期待される。

4　従来、PSEはファーストボード、セカンドボード、中小企業ボードの3市場体制であったが、2013年にメインボードとSMEボードの2市場体制に変更された。

5　フィリピンでは、資産が1億ペソ以下または従業員が199人以下の企業が中小企業に該当する。さらに、資産と従業員の規模により、中企業、小企業、零細企業に細分化される。

２．株式市場へのアクセスを促進するインセンティブやメカニズムの導入

　投資家の株式市場へのアクセスを促進するインセンティブやメカニズムとして、次の点が挙げられる。第一に、個人投資家のIPO株への投資促進である。まず、Local Small Investor（LSI）と呼ばれる投資額が小さい個人投資家のIPO株購入に関するプロセスの見直しが行われた。LSIがIPO株を購入する際のプロセスが自動化されたことで負担が軽減されることにより、IPO株に応募するLSIの増加につながることが期待されている。また、LSIのIPO株への投資可能額の引き上げが検討されている。現行規則の下では、IPO株の10％がLSIに割り当てられることが義務付けられており、このうちLSIは１人当たり最大2.5万ペソまで応募することが可能である。PSEは2017年２月、LSIのIPO株への投資可能額の引き上げに関するコンサルテーション・ペーパーを発表し、パブリックコメントを実施した。同ペーパーでは、IPO株の募集額が50億ペソ未満の場合、LSIの投資可能額を最大５万ペソに、募集額が50億ペソ以上の場合であれば投資可能額を最大10万ペソに引き上げることが提案された。

　第二に、リスクヘッジ手段の拡充である。まず、株式の下落リスクをヘッジする手段として用いられる空売りに関するガイドラインの導入が挙げられる。SECの証券規制法の下では、2009年から空売りが認められているが、実際に空売りを行うためのガイドラインがPSEにより導入されていない。そうした中、PSEは2017年11月、空売りに関するガイドライン案を発表した。主に、①空売りの対象はフィリピン総合指数を構成する株式であること、②発行済み株式に対する空売り比率は10％が上限であること、③空売りの発注は取引参加者にのみ認められること、④市場のプレオープン（９：00～９：29）、プレクローズ（15：15～15：19）、最終取引時間（15：20～15：29）での空売りが禁止されること、⑤空売りは最終取引価格よりも高い価格で行われる必要があること、が提案された。

　また、ストラクチャード・ワラントの導入も検討されている。ストラクチャード・ワラントは、金融機関により発行されるワラントで、上場企業の株式、株式バスケット、株価指数を裏付資産とする金融商品であり、近隣諸国の中ではシンガポール、マレーシア、タイにおいて既に導入されている。現

在フィリピンでは、発行者自身の資産を対象とする通常のワラントについては発行が認められている。PSE は2017年１月、ストラクチャード・ワラントの上場及び取引に関する規則案を発表した。主な要件として、①払込資本が５億ペソ以上の登録投資銀行（investment house）、ブローカー・ディーラーにより発行されること、②目論見書が SEC に提出されること、③取引履歴を記録する登録業者が指定されること、が提案された。当該規則は2018年内に導入される見通しである。

　さらに、PSE では株式デリバティブの導入についても中期的な課題として認識されている。PSE は2013年、シンガポール取引所と共同で SGX-PSE MSCI Philippines Index Futures という先物を開発した。シンガポール取引所は同年に当該先物の提供を開始し、PSE も提供したい意向を示している。SEC は、投資家にとってのリスクヘッジ手段が拡充される重要性を認識しており、PSE による先物の提供を前向きに検討している。

３．コーポレート・ガバナンスの強化

　投資家から信頼される株式市場を構築するためには、上場企業の質を向上させることが不可欠であり、コーポレート・ガバナンスの強化が重要である。元々、フィリピンでは財閥を中心とする同族企業が多いことから、コーポレート・ガバナンスの水準が総じて低いと指摘されていた。そうした中、SEC は上場企業数を増加させて株式市場の規模拡大を図るよりも、上場企業のコーポレート・ガバナンスの強化を重視してきた。

　SEC を含む ASEAN10か国の金融規制当局が参加する ASEAN 資本市場フォーラム（ASEAN Capital Markets Forum、ACMF）の下では、コーポレート・ガバナンス水準の向上、グッドプラクティスの普及、コーポレート・ガバナンスが優れた上場企業の国際的な知名度向上を目的として、ASEAN コーポレートガバナンス・スコアカードが2011年に導入された。同スコアカードでは、①株主の権利、②株主の平等な取り扱い、③ステークホルダーの役割、④開示と透明性、⑤取締役会の責任、の５分野が評価対象である。フィリピンは同スコアカードが導入されて以降、コーポレート・ガバナンスのスコアを着実に高めてきた（図表３−８）。

図表3−8　ASEAN主要6か国におけるコーポレートガバナンス・スコア

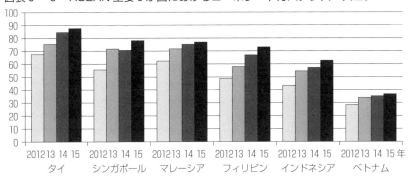

(注) 1．対象は各国の上場企業で、2015年の企業数は555社であった。
　　 2．各国の平均スコアを示している。最高スコアは毎年若干異なり、2015年は126であった。
(出所) アジア開発銀行より野村資本市場研究所作成

　また、SECは2017年1月、コーポレート・ガバナンスを国際的な水準まで引き上げることを目的として、上場企業向けコーポレートガバナンス・コードを改定した。改定版では、①取締役会の責任、②開示及び透明性、③内部管理システム及びリスク管理の枠組み、④株主とのシナジー効果がある関係の構築、⑤ステークホルダーへの責務、の5分野において、16原則が定められている。改定版は、G20や経済協力開発機構（OECD）加盟国が定めるコーポレートガバナンス・コードが参照され、国際基準を意識したものとなっている。今後、PSEに上場する企業のコーポレート・ガバナンスがさらに強化されることで、株式市場に対する信頼向上につながり、中長期的に投資家の参加が促進されることが期待されている。

4．投資家教育の推進

　PSEは個人投資家の株式市場への参加を促すため、投資家教育において重要な役割を担っている。PSEアカデミーという教育情報サイトでは、投資家のレベルに応じた教材が提供されるとともに、無料のオンラインセミナーが開催されている。例えば、株式市場の概要や投資を行うための手続きといった基本的な内容のものだけでなく、ETFやテクニカル分析等の特定の

テーマに関するものも提供されている。

　他方で、金融規制当局による投資家教育については十分に行われているとは言い難い状況である。国民の金融包摂を推進するための国家戦略は2015年にフィリピン中央銀行（Bangko Sentral ng Pilipinas、BSP）により発表されたが、資本市場への投資に関する教育については明確な政策・方針が示されていない。今後、SEC によりそうした政策・方針が打ち出されれば、PSE や証券会社による投資家教育が促進されることが期待される。

Ⅲ　金融商品の拡充

　株式市場への投資家の参加を促すためには、上場企業数の増加以外にも、金融商品の拡充が重要である。現在フィリピンでは、上場投資信託（ETF）市場の活性化と不動産投資信託（REIT）の導入に向けた議論が進められている。

1．ETF 市場の活性化

　PSE は、低コストで透明性が高い ETF が個人投資家層の裾野拡大において重要な役割を認識している。ところが、現在 PSE に上場されている ETF は株式 ETF 1 銘柄のみに留まる[6]。ASEAN 諸国における ETF 市場は総じて発展初期段階にあるが、その中でもフィリピンは特に市場規模が小さい。その要因として、他の ASEAN 主要国よりも ETF の導入時期が遅かったことや上場企業数が少ないこと等が挙げられる[7]。

　国内初の株式 ETF が導入されたのは2013年になってからである。国内大手メトロポリタン銀行傘下の運用会社であるファースト・メトロ・アセッ

6　東アジア・オセアニア中央銀行役員会議における各国の中央銀行間協力の一環として、フィリピンの政府・政府系機関が発行する債券を投資対象とする ABF フィリピン債券インデックス・ファンドが2006年に導入された。他の ASEAN 主要国では同様のファンドが ETF として組成されたが、フィリピンではユニット型投資信託として設定された。

7　北野陽平「個人投資家層の裾野拡大に向けて重要性が高まる ASEAN 諸国の ETF 市場」2016年春号（ウェブサイト版）参照。

ト・マネジメントは同年12月、フィリピン総合指数に連動する First Metro Philippine Equity ETF を PSE に上場させた。同 ETF の AUM は2018年3月末時点で15億ペソに留まる。以前より、メトロポリタン銀行傘下の投資銀行であるファースト・メトロ・インベストメントにより2本目となる株式 ETF の導入が検討されているが、まだ具体的な計画は明らかにされていない。

　また、PSE は金融商品の拡充を目的として、新たな株価指数の導入に向けた準備を進めている。現在 PSE では、フィリピン総合指数以外にも、全株式、金融、資本財、持株会社、サービス、鉱業・石油、不動産を含む計8種類の株価指数が提供されている。新たな株価指数の候補として、高配当利回り株式やシャリーア適格株式が挙げられている。後者に関して、2017年末時点で PSE の上場企業のうち58社（60証券）がシャリーア適格企業として認定されている。今後、株価指数の種類が増加すれば、新たな ETF の導入が後押しされる可能性がある。

2．REIT の導入

　フィリピンでは、個人投資家の新たな投資対象となる REIT の導入に向けた議論が長年にわたって続いている。REIT 法は2009年に制定されたが、これまでに1件も組成実績がない。主な要因として次の2点が挙げられる。第一に、不動産の移転に伴う課税である。REIT への不動産の組み入れの際に付加価値税が課され、他の ASEAN 諸国よりも高い12％の税率が適用されてきた。しかし、2018年3月に実施された税制改正により、REIT への不動産の組み入れは付加価値税の適用対象外となり、主要な問題点の一つが解決された。

　第二に、厳格な浮動株比率規制である。REIT 法の下では、PSE への新規上場に当たり浮動株比率を33％以上にすることが規定されている。しかし、SEC が2011年に改正した実施細則に基づくと、浮動株比率を40％以上、上場から3年以内に67％以上に引き上げることが求められている。これは、株式の IPO で要求される最低浮動株比率である20％を大幅に上回る。SEC は、浮動株比率規制が厳格であることが REIT の組成を阻害する主因の一つ

第3章　包摂的かつ持続可能な資本市場の構築を目指すフィリピン　93

であることを認識し、最低浮動株比率を域内他国並みの水準に引き下げることを検討している。もしこの問題が解決されれば、国内初となる REIT の導入が実現する可能性が高まると見られている。

IV 社債市場の拡大

　現在、社債市場に参加している投資家はほぼ機関投資家のみであるが、個人投資家に幅広い投資機会を提供するという点で、社債市場の拡大も重要である。前述の通り、社債市場の規模は徐々に拡大しているが、2017年末の現地通貨建て及び外貨建て社債発行残高は310億米ドル程度であり、ASEAN域内で相対的に資本市場が発展しているシンガポールやマレーシアにおける社債市場の５分の１未満の規模に留まる。また、社債の発行体は偏っており、ADB が四半期毎に発行する Asia Bond Monitor によると、2017年末時点で現地通貨建て社債発行残高の上位30社が全体の94％のシェアを占めている。当該30社の大半が、アヤラ、シー、コファンコ等の財閥に属する企業である。企業の主な資金調達手段は銀行借入であり、銀行セクターの流動性は総じて高い。しかし、銀行の与信集中リスクを回避し、頑健な金融システムを構築するためには、社債市場の整備を図ることが課題の一つとして認識されている。

　近年、社債市場の整備に向けて様々な取り組みが進められてきた。第一に、2015年に発行登録制度が強化されたことである。企業は一旦社債をSEC に登録すれば、３年以内であればいつでも社債を発行することができるようになった。その結果、発行体にとって起債の柔軟性が高まったことで、財閥系企業等による社債発行の拡大につながっている。第二に、銀行による債券発行に係る規制緩和である。従来、銀行及び準銀行（預金業務が認められたノンバンク）が債券を発行するに当たり、担保の適格性に関する要件を満たす必要があり、債券発行の障害の一つとなっていた。そうした中、BSP が2017年10月に当該要件を免除したことで、今後銀行及び準銀行による債券発行が促進されることが期待されている。

　また、新たな種類の債券として、グリーンボンドへの注目が高まってい

る。一般的にグリーンボンドは、調達資金の用途を環境対策事業に限定して発行される債券と定義される。ACMF において国際資本市場協会のグリーンボンド原則に基づいた ASEAN グリーンボンド基準が2017年11月に発表され、SEC は同基準に基づいてグリーンボンドの発行を認可することが可能となった。国内最大手銀行の BDO ユニバンクは2017年12月、フィリピンの銀行として初めてグリーンボンドを発行した。発行額は1.5億米ドルであり、IFC が全額を引き受けた。調達資金は、再生可能エネルギー、グリーンビルディング（環境性能の高い建物）、省エネ設備を含む気候変動対応プロジェクトに充てられる。温室効果ガスの排出量を2030年までに70％減少させるという目標が2015年に政府により打ち出されており、当該目標を達成する手段の一つとして今後グリーンボンドがより幅広く活用されると考えられる。

　さらに、社債発行を促進する上で、信頼性の高いベンチマークの確立が重要であり、そのためには政府債市場のさらなる整備が不可欠であると認識されている。そうした中、BSP は2017年8月、財務省財務局や SEC と共同で、現地通貨建て債券市場の発展に向けたロードマップを発表した。同ロードマップでは、政府債市場における流動性の向上や価格発見機能の強化等が目的とされており、①短期証券の発行拡大、②政府債の発行における透明性の確保、③マーケットメイカーに対するインセンティブの導入、④信頼性のあるイールドカーブの構築、⑤レポ取引に係るガイドラインの作成、を含む様々な施策が挙げられている。同ロードマップに基づく取り組みは18か月間にわたって進められる計画である。

　他方で、債券の流通市場については、2003年に設立されたフィリピン・ディーリング・アンド・エクスチェンジ（Philippine Dealing & Exchange Corporation、PDEx）により政府債及び社債の取引インフラが提供されている。2016年末時点で PDEx に上場されていた社債発行残高は6,457億ペソであった。他の ASEAN 諸国では証券取引所において一元的に株式取引と債券取引が提供される中、フィリピンにおいても証券取引所と債券取引所を統合する議論が2013年に開始された。現在、PSE は PDEx の親会社であるフィリピン・ディーリング・システム・ホールディングス（Philippine Dealing

第3章　包摂的かつ持続可能な資本市場の構築を目指すフィリピン　95

System Holdings、PDS）の買収に向けた手続きを進めている。当該買収には SEC の承認が必要とされており、現在 PSE は SEC の承認待ちである。PSE と PDS の統合が実現すれば、オペレーションが効率化されることで投資家が負担するコストが削減され、取引の促進につながることが期待されている。

■第4節■

インフラ整備向け資金調達において 重要性が高まる資本市場

Ⅰ　膨大なインフラ需要と資金調達の現状

　フィリピンにおける道路や鉄道等のインフラ整備状況は世界的に見て低水準にあり、他の ASEAN 諸国と比較しても劣っている。また、自然災害が多い国であることもあり、インフラ整備は国家にとっての最重要課題の一つとなっている。そうした中、2017〜2022年の5年間で1,600〜1,800億米ドルという積極的なインフラ投資計画が示されている。

　インフラ整備向け資金の主な調達源は政府予算であり、政府はインフラ整備向け支出の対 GDP 比率を2017年の5.4％から2022年までに7.3％まで引き上げる目標を掲げている。膨大なインフラ需要に対して中長期的に財政支出だけに依存していくには限界がある中、民間資金の活用やプロジェクトの効率性改善を目的として、官民パートナーシップ（PPP）を推進する方針が打ち出されている[8]。国家経済開発庁と傘下の PPP センターは2018年1月、地方における PPP プロジェクトの実施を促進するため、PPP Knowledge Corner という情報ハブを設置する旨の覚書に署名した。

　民間部門におけるインフラ整備向け資金の主な調達手段は銀行借入であ

---

[8]　最近では、プロジェクトの進捗を加速するために、公的部門が外国からの政府開発援助（ODA）資金を活用して建設を行い、民間部門に運営を委ねる方式であるハイブリッド PPP も採用されている。

る。しかし、一企業グループに対する融資規制があることに加えて、バーゼ
ルⅢ等の銀行に対する自己資本規制が強化される中で、銀行は流動性の低い
インフラ資産に長期融資を行うことが難しくなりつつある。そうした状況
下、資本市場からの資金調達の重要性が高まっている。

Ⅱ 資本市場の活用に向けた取り組み

　インフラ整備向け資金調達における資本市場の活用に向けた取り組みとし
て、次の点が挙げられる[9]。第一に、PPP プロジェクトを実施する企業（以
下、PPP 企業とする）を対象とした上場規則の見直しである。背景には、
一般的に PPP 企業はインフラ事業だけを目的とする特別目的事業体（SPV）
として設立されることが多く、既存の上場規則を満たすことが難しいという
ことがあった。PPP 企業の株式市場からの資金調達を促進することを目的
として、PSE は2016年12月、一定の要件を満たす PPP 企業を対象として、
３年間の事業実績等の上場要件を免除すること発表した。当該免除を受ける
ための主な要件として、①プロジェクトが運営段階にあること、②プロジェ
クトコストが50億ペソ以上であること、③契約満了までの期間が15年以上で
あること、が挙げられる。2017年２月には、PSE と PPP センターの間で、
PPP 企業の IPO を促進するための情報共有に係る覚書が署名された。本稿
執筆時点では、PPP 企業による IPO の事例はまだ見られないが、PPP 企業
の株式市場へのアクセスが向上した点は注目される。
　第二に、プロジェクトボンドの発行促進である。プロジェクトボンドは、
発行体の信用力に依拠せずに、プロジェクトからのキャッシュフローのみを
返済原資とする債券である。大手発電事業者であるアボイティス・パワーの
子会社 AP リニューアブルは2016年２月、107億ペソのプロジェクトボンド
を発行した。当該債券は、ADB 及び信用保証・投資ファシリティ（Credit
Guarantee Investment Facility、CGIF）の保証が供与され、フィリピンの

9　北野陽平「官民パートナーシップの推進や資本市場の活用によりインフラ整備の促
　進が期待されるフィリピン」『野村資本市場クォータリー』2016年秋号参照。

第3章　包摂的かつ持続可能な資本市場の構築を目指すフィリピン　97

電力セクターにおける初の現地通貨建てプロジェクトボンドとなった[10]。SEC と PSE は、中長期的にプロジェクトボンドの発行を拡大していくための方策について PPP センターや ADB と協議している。現在、フィリピンにおいては社債市場が未発達であり、通常の社債よりも商品構造が複雑なプロジェクトボンドの発行が急速に拡大していくとは考えにくい。しかし、インフラ整備向け資金調達手段の多様化及び投資家に対する幅広い投資機会の提供という観点から、こうした検討が行われる意義は大きいと言える。

第5節 資本市場の成長加速をもたらす動き

今後、資本市場の成長加速をもたらすと期待される動きとして、オンライン取引の普及と投資信託市場の拡大の2点が注目される。

I オンライン取引の普及

フィリピンでは、オンラインで株式取引を行う投資家が急速に増加してい

図表3-9 オンライン口座数の推移

(出所) フィリピン証券取引所より野村資本市場研究所作成

---

10 CGIF は、ABMI における取り組みの一環として、ASEAN10か国及び ADB により2010年に設立された債券保証機関である。

る。オンライン口座数は2007年末の1.8万口座から2016年末には30.3万口座へと増加した。証券口座総数に占めるオンライン口座数の割合は同期間に4.1%から39.1%へと上昇した（図表3－9）。2016年末のオンライン口座保有者の年代別内訳は、30〜44歳が53%、18〜29歳が22%を占めており、証券口座保有者全体と比較して年齢層が低い。また、オンライン口座保有者は年収が低い層の割合が証券口座保有者全体よりも高い。

　オンライン取引が拡大している背景として、第一にインターネット利用者の増加が挙げられる。グーグルのコンシューマーバロメーターによると、インターネットへのアクセスがある国民の割合は2013年の59%から2017年には73%へと上昇した。年齢層が低いほどインターネット利用率が高く、25〜34歳の年代では90%に達している。第二に、フィリピンは典型的な島嶼国であり、人口が分散しているという地理的要因がある。証券会社が物理的に顧客をカバーできる地域は限られており、PSEによると国内の証券口座保有者の71%がマニラ首都圏に集中している。これに対し、オンライン取引の場合は基本的に場所を問わないため、オンライン口座保有者の内訳はマニラ首都圏が57%で、その他地域が43%を占めている。

　株式投資の経験がなく、かつ年収が相対的に低い若年層の中には、将来的にオンライン取引を開始する可能性がある予備軍が数多くいると考えられる。国内最大手銀行のBDOユニバンクと野村ホールディングスの合弁会社であるBDOノムラ・セキュリティーズが2016年10月に個人投資家を対象としたオンライン取引の提供を開始する動き等が見られる中、オンライン取引を行う投資家が今後も増加していくと考えられる。

　また、稼働口座率は証券口座全体よりもオンライン口座の方が高く、PSEによると2016年の実績では証券口座全体が33%であったのに対し、オンライン口座は61%であった。今後、オンライン口座数の増加が見込まれる中で、稼働率を高めていくことができるかどうかが注目されよう。

第3章　包摂的かつ持続可能な資本市場の構築を目指すフィリピン　99

図表 3 - 10　フィリピンにおける投資信託市場の規模

(出所)　セルーリ・アソシエイツより野村資本市場研究所作成

Ⅱ　個人投資家層の裾野拡大において重要な役割を担う投資信託

1．投資信託市場の拡大

　投資信託は、投資の未経験者や初心者でも投資しやすい金融商品であり、個人投資家層の裾野拡大という点で重要な役割を担っている。フィリピンにおける投資信託市場の規模は、2011年末の2,493億ペソから2016年末には1.1兆ペソへと増加した（図表 3 - 10）。投資信託は、銀行により販売されるユニット型投資信託（UITF）と証券会社により販売されるミューチュアル・ファンド（MF）に大別される[11]。UITFは短期金融資産での運用が 7 割超に達するのに対し、MFは債券ファンドが 4 割超、株式ファンドが 3 割超を占めている。UITFとMFのAUMは右肩上がりで増加してきたが、UITFは2013年に前年末比2.8倍の大幅な増加が見られた。この要因として、BSPが特別預金口座の金利を引き下げたことを受けて、銀行預金からUITFに資金が移されたことが挙げられている。

　投資信託市場の規模が拡大してきた背景には、高い経済成長に伴って所得水準が向上したことがある。IMFによると、 1 人当たり名目GDPは2000年の4.6万ペソから2017年には15.0万ペソへと 3 倍超に増加した。その結果、

---

[11] UITFとMFは類似した金融商品であるが、UITFはBSP、MFはSECにより規制されるという点を含めいくつかの相違点がある。

図表 3-11 ASEAN 諸国における国内貯蓄額の対 GDP 比率（2016年）

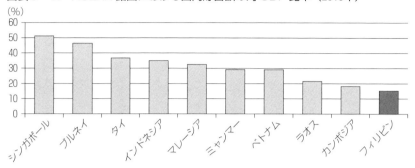

（注）ミャンマーのみ2015年の数値。
（出所）世界銀行より野村資本市場研究所作成

貯蓄額の増加につながり、フィリピン国家統計局によると、一世帯当たり平均貯蓄額は2000年の2.6万ペソから2015年には5.2万ペソへと倍増した。しかしながら、フィリピンでは貯蓄性向が低く、2016年の国内貯蓄額の対 GDP 比率は15％であり、ASEAN 諸国の中で最も低い水準にある（図表3-11）。今後、貯蓄率が他国並みの水準まで上昇した場合、投資信託市場のさらなる拡大につながる可能性がある。

2．オープン・アーキテクチャ化による投資信託へのアクセス向上

投資信託市場における AUM ランキングを見ると、BDO ユニバンク、バンク・オブ・ザ・フィリピン・アイランズ（Bank of the Philippine Islands、BPI）、メトロポリタン銀行等の大手地場銀行またはその傘下の運用会社が上位を占めている。資産運用業界の専門調査会社であるセルーリ・アソシエイツによると、2016年における MF の販売チャネルは直販または提携代理業者経由が51％、地場銀行経由が29％を占め、同割合は概ね安定的に推移している。

そうした中、近年では第三者が運用する投資信託をオンライン上で販売するプラットフォーム、いわゆるファンド・スーパーマーケットが徐々に存在感を高めている。独立系オンライン専業ブローカーの COL フィナンシャルグループは2015年、国内で初めて COL Fund Source というファンド・スー

パーマーケットを導入した。COL Fund Source では、6社の運用会社の投資信託が提供されている。COL フィナンシャルの IR 資料によると、投資信託保有者数は2015年9月末の約5,200人から2017年9月末には約2.5万人まで増加した。

また、メトロポリタン銀行傘下のファースト・メトロ・セキュリティーズ・ブローカレッジは2017年上期、FundsMart というファンド・スーパーマーケットを導入した。FundsMart においても6社の運用会社の投資信託が提供されている。

ファンド・スーパーマーケットが導入されたことにより、投資信託市場におけるオープン・アーキテクチャ化が進展している。投資家の投資信託へのアクセスが向上することで、今後投資信託がより身近な金融商品となることが期待されている。

3．投資信託市場の拡大を後押しする個人向け株式投資・退職金運用口座

今後、投資信託市場の拡大を後押しすると期待されるツールとして、確定拠出年金に相当する個人向け株式投資・退職金運用口座（Personal Equity and Retirement Account、PERA）が挙げられる。PERA に関する法律は2008年に制定されたが、税制面を中心に具体的な運用に関して長期間の議論・検討を要したため、2016年12月になってようやく正式に運用が開始された。

PERA は、納税者番号を有する個人を対象とする。年間の拠出可能額は、国内居住者が最大10万ペソ、海外居住者が最大20万ペソである。適格投資商品として、UITF と MF 以外にも、年金商品、保険商品、個人年金保険、上場株式、上場債券、政府証券、規制当局により認められたその他投資商品が挙げられている。

PERA には税制優遇措置が導入されている。第一に、拠出者は PERA への年間拠出額の5％に相当する税額控除を受けることができる。第二に、PERA を通じた投資から生じる全ての収益が非課税となる点である。例えば、銀行預金、預金代替商品、信託基金からの金利収入や株式のキャピタルゲインに対する源泉徴収税が免除される。

PERA口座の開設や拠出者の投資管理等を主な業務とするアドミニストレーターには、BSP及び内国歳入庁によりBDOユニバンクとBPIの2行が認定されている。BDOユニバンクは短期債ファンド、債券インデックス・ファンド、株式インデックス・ファンド、BPIはマネー・マーケット・ファンド、政府債ファンド、社債ファンド、株式ファンドを提供している。また、アドミニストレーターは、拠出者の金融リテラシーの向上という重要な役割も担っている。本稿執筆時点では、PERAの利用状況に関する統計データは公表されていないが、今後、他の大手銀行や資産運用会社もアドミニストレーターとして認定され、PERAの利用者が増加することは、投資信託市場のみならず資本市場全体にポジティブな影響をもたらすと考えられる。

　これまでフィリピンでは、資本市場発展計画（Capital Market Development Plan、CMDP）ブループリントに基づいて様々な取り組みが進められてきた。直近のCMDPブループリントは、2013〜2017年を対象としており、2018年以降についてはまだCMDPブループリントが発表されていない。今後新たに発表されるCMDPブループリントにおいては、PERAの利用を促進するための施策が盛り込まれることが期待されよう。

■ 第6節

結びにかえて

　最後に、中長期的な観点から資本市場の発展への貢献が期待される取り組みについて触れたい。第一に、スタートアップ企業の資金調達支援である。前述の通り、フィリピン経済において大きな存在感を持つ中小企業が必要資金を十分に調達することができていない現状の中、資本市場からの資金調達の促進が解決策の一つになり得ると考えられている。特に、創業間もないスタートアップ企業は、成長性が高く革新的な技術力を持つ一方で事業実績がなく利益を確保できていないことが多く、銀行借入に依存することが難しい

ため、資本市場へのアクセス向上の意義が大きい。PSEはメインボードよりも上場要件が緩和されたSMEボードを設置しているが、一定の利益基準を設けているため、上場要件を満たすことができないスタートアップ企業も多い。PSEはそうした点を踏まえ、SMEボードよりもさらに上場要件が緩和されたスタートアップ企業専用の新たな資金調達市場を創設することを選択肢の一つとして視野に入れている。

第二に、企業のサステナビリティ（持続可能性）を向上させる取り組みの推進である。PSEは上場企業のコーポレート・ガバナンスの改善以外にも、サステナビリティに関する情報開示を強化している。ESG調査機関であるコーポレート・ナイツが発表しているサステナビリティ情報開示ランキングにおいて、PSEは2013年の39位から2017年には29位へと順位を上げた[12]。近年、先進国を中心として、機関投資家の間では環境・社会・ガバナンス（ESG）の要因を投資プロセスに組み入れるESG投資への関心が高まっている。今後、海外の機関投資家の投資を国内の資本市場に誘致するためには、こうした分野における取り組みがより重要になっていくと考えられる。

以上見てきたように、包摂的かつ持続可能な資本市場の構築に向けて、様々な取り組みが進められている。今後、フィリピンが中長期的に高い経済成長を遂げていくためには、資本市場の発展を加速させることが重要である。そのためには金融規制当局、証券取引所、金融機関が連携を強化し、発行体と投資家の双方に対して強いコミットメントを示し続けることが求められよう。

12　2017年は55取引所がランキングの対象であった。ASEAN諸国の中ではタイ証券取引所が10位で最も高い。

第 **4** 章

ASEANの優等生、マレーシアは
「中所得国の罠」から脱却できるか
〜イスラム圏へのGateway
戦略に賭ける〜

■ 第1節

はじめに

1．概要

　「東南アジア諸国連合（以下、ASEAN）」の加盟国のなかで、比較的なじみのあるタイやシンガポールなどに比べると、マレーシアは、いまひとつ「捉えにくい」という印象がある。

　3,205万人（2016年現在　同国政府統計局推計）とされる総人口のうち、マレー系（同68.8％）、中国系（同23.2％）、インド系（同7％）の三つの民族から構成される同国では、建国以来、民族間の融和が最重要課題とされ、歴代政権も腐心してきた経緯がある。近年では、経済的に豊かな中国系住民より劣後していたマレー系住民の所得及び生活水準も向上したことから、嘗ては「生活格差」を事由に頻発していた民族間の軋轢も減少し、政情も比較的安定しているとの評価が定着した。現在では、"更なる成長路線に、いかに乗るか"といった新たな「課題」が浮上している。

　英国から独立を果たした直後の1957年（昭和32年）から始まった我が国との関係は古く、昨年（2017年）には国交樹立60周年を迎えた。これまでの両国関係の歴史においては特に、1980年7月に政権の座に就いたマハティール第四代首相の下で推進された、いわゆる「東方政策（Look East～1982年から本格的に実施）」を機に、現在に至るまで良好な状態が維持されている。とりわけ、80年代初めから90年代にかけては、電子・電機部品の製造業を中心とした本邦企業による同国への進出が増える中で、マレーシア自身がASEANにおける有力な製造拠点としての地位を固めるようになり、それがそのまま、その後の高い成長を遂げる原動力となったことは、まだ記憶に新しい。

2．アジア通貨危機

　しかし、「順風満帆」のようにみえたマレーシアではあったが、1997年7月に隣国タイの通貨、バーツの切り下げに端を発した、いわゆる「アジア通貨危機」を機に大きな転機に直面した。通貨リンギの対ドル相場の急落は、

周辺国と同様、同国の経済・金融にも大きな爪あとを残し、海外から流入していた米ドルを中心とした短期資金の急速、かつ、大規模な「流出」は混乱に拍車をかけることになった。このため政府は、1998年 9 月、突如、①為替の「固定相場制」への移行、②資本取引規制を断行し、世界を驚かせた。これは、国際通貨基金（IMF）が主導する「処方箋」と異なるだけでなく、経済危機に際しての伝統的な対応策及び金融政策にも真っ向から「挑戦」するものであり、注目を集めることとなった。

　マレーシア政府は当時、海外から流入する「短期資金」は国内経済を撹乱させるだけであり、そうした短期資本の投機的な流出・入をひとまず遮断した上で、より実効性のある金融緩和策を「自主的に発動する」ことで危機を乗り切ろうとしたとの見方が広く流布されていた。こうした強硬な「資本規制」の下で、通貨リンギは「US$ 1 =RM3.8」で維持される事実上の「固定相場」が2005年 7 月まで継続されたが、結果として、為替と政治の「安定」という、両面からのプラスに働き、ASEAN 諸国の中でもここ数年は年率 5 ％前後という比較的高い成長をもたらすまでに復調してきた。

3．新たな問題

　しかしながら、安定的な成長の陰では、新たな『構造的問題』を指摘する向きも少なくない。換言すると、それは「中進国の罠からの脱却」という視点にほかならない。2000年代以降、他の ASEAN 諸国が成長速度を速め、加盟国間の交易拡大に伴う域内統合の動きが活発化するなかで、政府は「更なる成長へのステップ」を摸索しているが、未だ「決定打」と呼べるものは打ち出されていない。

　独立以来、周辺国に比べると比較的政情も安定するなかで、独自の成長を遂げてきたマレーシアではあるが、「次なる繁栄のステップ～2020年には先進国の仲間入り～」へと導く成長軌道に乗ることが出来るのか、ASEAN のなかでの自国の独自性やアドバンテイジを活かすことで、より現実的な方向を目指そうとする動きには興味深いものがある。本稿では、「イスラムの教義」が国民の間に広く浸透している同国ならでは独自性を踏まえ、「Gateway to Islam」という視点から、欧米世界にはみられない「金融サービス」や食

品・食材ビジネスへの取り組みを続ける同国の動静を概観しつつ、その将来像を俯瞰することとしたい。

■ 第2節 ■
堅調な成長をたどるマレーシア

Ⅰ 「堅実・安定」に基づく政策運営

1. 安定した政治

　90年代末に起きた「アジア通貨危機」により大きな痛手を受けたマレーシアではあったが、従来からの外資導入に加え、堅調な民間消費、政府による継続的な公共投資などにより、この15年ほどの間に、アジア有数の工業国へと大きく変貌を遂げた。時に見過ごされてしまう嫌いはあるが、その要因のひとつとして、まず ASEAN 加盟国の中でも安定した政治を維持してきたことに注目したい。すなわち、昨年（2017年）、「独立60周年」を迎えた同国では、これまで首相に就いたのはわずか6名のみであり、域内の他の国々はもとより、日本とも比較にならいほど、長期、安定政権が続いてきたことが、結果としてその成長に大きく作用したことは、特筆に値すると思われる。

　もっとも、この「政治の安定」については、一部に"事実上の独裁体制"の歴史に過ぎないとの批判もある。しかし、その種の批判なども、マハティール政権下で80年代から90年代にかけて「高度成長が実現した」という現実

図表4－1　マレーシアの歴代首相（敬称略）

初代	アブドゥル・ラーマン・プトゥラ	1957年～1970年
第二代	アブドゥル・ラザク*（ナジブ現首相の父君）	1970年～1976年
第三代	フセイン・オン	1976年～1981年
第四代	マハティール・ビン・モハメッド	1981年～2003年
第五代	アブドラ・アーマッド・バダウィ	2003年～2009年
第六代	ナジブ・ラザク	2009年～2018年
第七代	マハティール・ビン・モハメッド	2018年～

の前では、十分な説得力を持つまでには至らなかったことは見逃せない。そ
れは、長らくパーム油、ゴムといった植民地色の濃い経済構造に依存してい
た経済を、例えば日本を中心とした海外からの積極的な外資導入をテコに、
この地域で唯一、自動車の自国生産体制を確立することに成功したことから
もうかがえる。

図表 4 - 2 　マレーシアに関する Key Data

国土／人口	33万 km² （日本の約 9 割　3,205万人（'16年現在）		
GDP 成長率	'16年 4.2% '17年 5.9%—中央銀行速報値		
名目 GDP	3,098.6億米ドル （'17年 – 約34.7兆円）		
	2014年	2015年	2016年
実質 GDP 成長率（%）	6.0	5.0	4.1
消費者物価上昇率（%）	3.2	2.1	2.1
失業率（%）	2.9	2.1	3.5
貿易収支（100万リンギ）	82,480	91,577	87,273
経常収支（100万リンギ）	48,554	34,658	25,169
外貨準備高（100万米ドル）	114,572	93,979	93,072
対外債務残高（100万リンギ）	747,757	833,817	908,704
為替レート（対米ドル　リンギ）	3.27	3.91	4.15

（出所）JETRO

図表 4 - 3 　マレーシアの実質名目 GDP の産業別構成比（2017年）

分野	比率（%）	前年比（%）
サービス業（卸売・小売、情報・通信）	54.8	↗ 6.2
製造業（電機・電子部品、石油・同化学、ゴム・プラスティック関連製造）	22.8	↗ 5.4
農業（パーム油・穀物、その他農産品）	8.3	↗10.7
鉱業・エネルギー（LNG・原油採掘、精製）	8.2	↘ 0.5
建設（建設全般・エンジニアリング）	4.3	↗ 5.8

（出所）マレーシア政府省統計局

更に家庭電化製品の製造受託から、電気・電子部品の生産拠点へとシフトすることを通じ、輸出主導型の経済構造への転換を成し遂げたことが今日の成長をもたらした。90年代以降は、電気・電子部門を軸とした輸出産業が関連企業の整備などを通じて、裾野の拡大という波及効果をもたらし始め、デジタル化が急速に進展する今日、アジア有数の製造・輸出拠点として、その存在感を高めている。

2. 安定した成長

「政治の安定」を活かすことで産業構造の転換にも成果をあげてきたマレーシアは、「アジア通貨危機」による混乱をその後の経済、金融政策の「教訓」とすることを忘れなかった。堅実な政策運営に徹することで、緩やかな物価上昇、低水準の失業率といった良好なファンダメンタルズを維持しつつ、現在に至るまで趨勢としては「安定成長」路線を続けている。近年では堅調な国内消費にも支えられ、GDPは年率5％前後と、ASEAN加盟国間の中では上位に位置付けられほど順調な成長路線を辿っている。

因みにマレーシア中央銀行（Bank Negara Malaysia, BNM）によると、昨年（2017年）は、原油価格の下げ止まりや世界的な景気回復、更に国内では堅調な民間消費、公共投資などにも支えられ、前年（'16年）比5.9％と、2年ぶりに高いGDPの伸びとなったことが確認されている。

しかしながら、人口が3,000万人を超えたとはいえ、インドネシアやタイ、フィリピンなどに比べると、消費拡大を含めた内需拡大を牽引役とする成長には限界があることは、マレーシア自身も認識しているふしが窺える。実態を示す統計データからみると、2010年代に入り、経済の伸びには嘗てのような勢いがみられなくなり、成長速度も停滞気味となったことから、それがそのまま、いわゆる「中進国の罠」に陥っているのではないかといった指摘に繋がっているようだ。

このためナジブ前政権は、2015年、新たな視点から「国造り」のための青写真ともいえる「第11次5か年計画」（後述）をとりまとめ、更なる成長への軌道に乗せるべく、各種施策に取り組んできた。

Ⅱ 「中所得国の罠」からの脱却は可能か

1．中所得国の罠

　前記のとおり、マレーシアは80年代以降の積極的な外資誘致による工業化により、2011年には「1人当たり国内総生産（GDP）」が1万ドル（同年の対ドル平均為替レート換算で約111万円）に達した。しかし、その後は経済成長率も鈍化傾向をみせるに至り、「中所得国の罠にはまっているのではないか」との見方を覆せない状況が続いている。

⑴ 「中所得国の罠」とは

　そもそも「中所得国の罠〜 "middle income country trap"」とは、多くの新興国が経済発展により、その「一人当たりGDP」が中程度の水準（中所得）に達した後、次の発展パターンへ移れぬまま、成長率が低下、或いは長期にわたって低迷することを指すとされている。これは開発経済学で一般的に共有されている概念であり、世界銀行が2007年に発表した報告[1]にて取り上げられたことから注目を集めるに至ったとされる。

　この「中所得国の罠」については、学術的に厳密な定義や標準的な理論などが確立されているとは言い難い。しかしながら、成長鈍化に直面した多くの途上国では今日、さらなる飛躍に向けた戦略の在り方について再考を促すうえでの基本認識として共有されているように思われる。

　マレーシアに限らず、新興国の多くが安価な労働力を武器に外資を招き入れ、輸出主導で急成長を遂げるものの、中所得水準まで成長すると、そこまで成長を押し上げた労働コストも上昇、成長の勢いも停滞状態となる。このため、更なる成長のためには、それまでの「労働集約型」産業から、より付加価値の高い産業への移行をもってこうした「停滞」からの脱却を図るべきとするのが定説となっている。

1　"An East Asian Renaissance ; Ideas for Economic Growth" Gill, I., and H. Kharas （2007）Washington. DC ; World Bank"

図表4－4　「中所得国」の一般的定義

一人当たりGNI（世界銀行－2011年US
ドル）

| 下位中所得国 | 1,005〜4,035 |
| 上位中所得国 | 4,036〜12,275 |

一人当たりGDP（アジア開発銀行－1990年
基準USドル）

| 下位中所得国 | 2,000〜7,250 |
| 上位中所得国 | 7,251〜11,750 |

（出所）World Bank, Asian Development Bank

(2) 「中所得国の罠」から脱却した国々

　第二次世界大戦後、アジア地域でこの「中所得国の罠」から脱却し、「先進国」の仲間入りを果たした国（地域）としては、日本のほかに、シンガポール、台湾、香港、韓国の名が挙げられている。

　もっとも、韓国、台湾が順調な「成長の軌跡」をたどったわけでもない。ともに1970〜80年代は、独裁色の濃い政権が「上からの開発」を推し進め、言わば「自由を犠牲にしたうえで」、政治の安定を優先させるなかでの急成長を遂げたという歴史にあったことは否めない。それでも1人あたりGDPが1万ドル前後となった90年代前半からは、やはり成長スピードも落ちる時期を迎えるようになった。

　この後、韓国と台湾がとったのは「民主化」という選択肢だった。80年代後半から両国では民主化を求めるデモや、与・野党の激しい対立の下で社会も不安定となり、それが結果的に経済にも悪影響を与えるというパターンが続いた。それでも、90年代中頃からは民主化がほぼ定着し、国民の間にも「安定感」を求める気風が徐々に浸透していくことになる。加えて、こうした国々（地域）では、産業のイノベーションを促すことで、更なる技術革新につなげていく動きもみられたことは注目されよう。その結果、日本が「バブル崩壊後の処理」に手間取っている間に、創造性豊かな人々が集まるようになり、そうした才能を活かしていこうとする官民一体となった支援体制の整備と上手くかみ合ったことは無視できない事実といえよう。

　例えば1970年代、一人当たりの国民所得では、マレーシアやメキシコよりも劣後していた韓国は、2012年にそのレベルを23,000ドルにまで伸ばし、『「中進国」から完全に脱却した』（世界銀行）と評されるようになった。政

府挙げての研究開発投資拡大、「技術立国化」への戦略的シフトなどが奏功、国際競争力に優れた輸出型企業の創設へとつながるなか、現在では世界第8位の「輸出大国」へと変貌した。研究開発支出の規模はOECD加盟国の中では4～5位、国際特許出願件数でも中国、米国、日本に次ぐ4位前後に位置するまで競争力をつけている。

これを仮にひとつの教訓とすれば、「創意工夫」を活かせる社会への転換が進まなければ、高付加価値型産業の誕生は難しいとの判断にもつながる。換言すれば、「中所得国の罠」を回避するためは、経済構造や企業単位の変革だけでなく、政治、社会をも含めた国全体の構造改革にまで触れざるを得ないということでもある。これをマレーシアにあてはめた場合、何十年にもわたり一党支配体制が続いてきたなかで、政治、経済、そして社会の構造改革にまで踏み込めるのか、疑問なしとは言い難い。

2．「ルック・イースト」を超えて〜「イスラム国家」の独自性を活かす〜

マレーシア政府は、「2020年に高所得国となる」という国家目標を果たすべく、2015年3月、年平均5～6％の成長目標を掲げた『第11次マレーシア5カ年計画（2016〜20年）』をとりまとめた。

同計画では、天然資源や農産品栽培といった旧来型の産業構造から、グローバル化時代に即したビジネス・モデルの創造へと舵をきる一方、その達成の最大の鍵は「労働生産性の向上」にあることを強調し、そのための行動指針として、デジタル化の推進、政策の推進に向けた一貫体制の構築など、5つの戦略が示された。そのなかには、「将来の労働力の創出」という切り口から、マレー系国民を核とした「高度技能人材」の比率を高めることで、産業基盤の強化につなげようとする意欲も示されている。

なかでも注目されるのは、「重点分野」にもあげられた“「イスラム国家」の立場から、独自の戦略を推進”という、マレーシアならではのアプローチであろう。そこで、以下では「先進国入り」を目指す上で、「イスラム国家」としての自らの立場を活用しようとする、その現状などをみていくこととする。

図表 4 － 5 　「第11次マレーシア 5 か年計画（'16～'20)」の概要

GDP 構成比目標（'20年)	農業（8.2％)、製造業（22.5％)、サービス業（56.5％)
【参考】タイ	農業・農産品加工業（16％以上)、製造業（同20～25％)、サービス業（同50％)
重点分野	①　 3 つの「触媒」産業（電機・電子、化学、機械・装置）と、②　「優先開発分野」として、11の産業（ゴム、木材、パーム油、医療機器、医薬品、輸送・物流、金属、航空機、加工食品、再製造）を指定　更に、IT 分野（コンテンツ創造、ソフトウェア開発、クラウド・データセンター、ビッグデータ、IoT 等）を推進③　並行して、「イスラム国家」の立場から、独自の戦略を推進＝イスラム金融、ハラル・ビジネスの世界的ハブを志向
【参考】タイ	知識集約型経済（Thailand4.0)、デジタル・クリエイティブ産業、代替エネルギー開発、観光・医療、物流ハブ産業の育成
その他	知識集約型産業の育成に必要な環境整備、R&D の推進、研究者の育成に向けた産・官・学の連携強化（予算で対応)
【参考】タイ	一定額以上の研究開発、技術研修棟の投資を行った企業への経済的恩典の付与

※達成すべきマクロ経済目標　　　　＋

年 5 ～ 6 ％の実質経済成長率、@15,690US ドルの前後の GNI、＋ 3 ％以下のインフレ率、2020年までの財政均衡化など

＋

「国内の大規模プロジェクト」による内需の創出と確保、投資受け入れを推進

（出所）みずほ銀行産業調査部などの資料を基に筆者作成

■ 第3節 ■
"Gateway to Islam"に賭ける将来戦略

I イスラムビジネス拡大の可能性

1．潜在的な成長余力

 近年、イスラム諸国を相手とするビジネスに注目が集まっているのは、そ

図表4－6 世界の人口に占めるイスラム教徒の状況

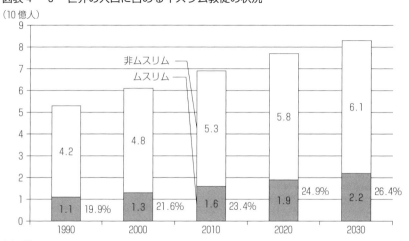

（出所）Pew Research Center

図表4－7 地域別でみた世界のイスラム教徒の分布（2009年）

地　域	イスラム教徒 （億人）	世界の人口に占 める割合（％）	世界のイスラム教徒 に占める割合（％）
アジア	9.73	24.1	61.9
中東・北アフリカ	3.15	91.2	20.1
サハラ以南のアフリカ	2.41	30.1	15.3
その他の地域	0.43	2.6	2.7
合　計	15.71	22.9	100.0

（出所）同上

第4章　ASEANの優等生、マレーシアは「中所得国の罠」から脱却できるか　115

の「潜在的な成長余力」が再評価されているため、とするのが一致した見方となっている。例えば、米国の Pew Research Center の調査[2]では、イスラム教徒の人口は、2010年の16億人から2030年には22億人に増加し、世界の人口に占める割合も26.4％と、その時点でキリスト教徒を抜いて世界一になるとの予測データを明らかにしている。更に、2050年には27億6千万人に増え、世界の人口に占める割合が29.7％、単純計算ではあるが、「三人にひとり」はイスラム教徒になると見込まれている。

　人口の伸びは当然のことながら、彼らの周りの経済圏の拡大をも約束することになり、つれてビジネスチャンスの増大にも期待が集まることになる。現在、推定300兆円といわれるイスラム教徒を対象とした経済市場の規模も、2030年までには1,000兆円に達するとの予測もあり、西側諸国のみならず、インフラ整備などの売り込みにまい進する中国にとっても、こうした国々、地域へのアプローチは、一層強まっていくであろう。

図表4－8　マレーシアにおける「ハラル産業」に対する支援体制

基本目標	「第11次マレーシア計画」に基づき、世界の「ハラル・ハブ」を目指す
ハラルの基本認識	イスラム教で禁ずる豚肉、アルコールなどを除いた食品等の企画を定めるとともに、その原材料、製造過程、最終製品としての品質を審査し、基準に適合したもののみを認証し、公表する
認証対応	世界で唯一、政府機関（ハラル産業開発公社～Halal Industry Development Corporation, HDC）が認証する体制。その審査はサウジアラビアに次ぐ厳しさとされるが、イスラム世界での信頼は高く、その認証を得た場合、マレーシア市場のみならず、その他のイスラム教国の参入も可能とされている。

（出所）Halal Industry Development Corporation

2　"Muslims and Islam: Key findings in the U.S. and around the world"（2015）

2．イスラムビジネスの推進

アジアにおいても、インドネシア、パキスタン、マレーシアといった有力なイスラム国を擁するだけに、その動静からは眼が離せない。特に、更なる成長に向けた国家戦略のひとつに「イスラムビジネスの推進」を掲げているマレーシアは、この目標を実現するにあたり、①イスラム教の教義に反しないように事業を行う、いわゆる「ハラル産業」に注力し、イスラム世界における「ハブ」を目指すとともに、②イスラム金融サービスにおいても、同じくその中核的存在を目指すという、二正面作戦を掲げていることが注目されよう。

3．ハラル産業推進

まず「ハラル産業推進」について、マレーシア政府は、自らを世界のハラル産業におけるイノベーション、生産、物流・交易などの中軸的存在、グローバル・リーダーになることを掲げている。そのための具体的な数値目標として、前記「第11次5か年計画」で最終年次とされている2020年に、①

図表4-9　ハラルビジネス（広義）概念図

（出所）一般社団法人 ハラル・ジャパン協会

GDPに占めるハラル産業の比率を「8.7%以上」とする、②ハラル関連の輸出額を130億ドルに増やす、③ハラル製品の輸出業者を1,600社以上へと増やす、④当該産業において33万人の雇用を新規に創出する、の4点を目標に設定した。

　近年では「ハラル」といっても、市場も食品・食材に留まらず、医薬品、化粧品、サプリメント関連商品などの機能性食品から，女性用の衣料品、観光（ハラルツーリズム）、物流などもその一部と認識されている。医薬品や化粧品では、食品類と同じように、アルコール成分の有無が確認される一方、観光地ではハラルで認証された食品類が供されるか否か、ホテルなどではプールが「男女別」となっているか否か、なども問われるようになってきた。

4．ハラル＝マレーシア

　マレーシアではこうした「計画」の実践を支える体制の整備も進んでい

図表4－10　ハラル産業団地における税制面からの「優遇措置」

	対　象	法人税関連	輸入関税・消費税	その他
優遇措置	ハラル産業団地運営企業	10年間免除、又はシャリア適格資本支出に対する5年間の税額控除	保冷設備、機器等への輸入関税・消費税の免除	
	同入居企業	シャリア適格資本支出に対する10年間の税額控除、又は輸出に対する法人税の5年間の税額控除	原材料への輸入関税・消費税の免除	国際品質基準（HACCAP等）取得費用を二重控除
	同物流企業	法人税の5年間免除、又はシャリア適格資本支出に対する5年間の税額控除	保冷設備、機器等への輸入関税・消費税の免除	

（出所）『マレーシア ビジネスガイド（2018年2月）』（三井住友銀行）

る。例えば前記した HDC では、テレビなどのメディアを通じた継続的な広報活動に留まらず、『世界ハラル会議「World Halal Conference（WHC，年一回開催）』、『国際ハラル見本市（MIHAS）』などの場を新たに設けることで、世界に散らばる宗教上の同胞との関係を強め、「ハラル＝マレーシア」のブランドイメージの確立に取り組んでいる。

さらに、国内22カ所には新たに「ハラル産業団地（Halal Industrial Park）」を整備し、この分野への進出を試みる内、外の事業体への便宜を図っている。その概要は、それぞれの「団地」が定める基準をクリアし、前記した「開発公社」からハラル対応の『認証』を得た事業体、企業などは、法人税等の減免が受けられるなどの優遇措置によって支えられている。

5．優遇策の成果

では、政府主導によるこうした各種支援策、優遇策の「成果」はどこまで上がっているのか、その「実績」が気になるところではある。例えば前記した『国際ハラル見本市（MIHAS）』についてみてみると、2004年の第一回開催から数えて今年（'18年）は14回目を数えるが、2017年の実績は、出展社数576社（うち、海外からの参加は227社）、来場者総数22,744名であったと報告されている。見方にもよるが、出展社の１／３近くが非マレーシアの企業や事業体であったという事実は、ハラルビジネスに対するマレーシアの取り組みが、少なくとも「裾野」の面では広がりをみせつつあると言えそうである。それだけに、今後、どこまでこうした展開が広がっていくか、政府の対応を含め、注視していく必要があろう。とりわけ、現時点では「ハラル認証」といっても、イスラム諸国や信徒の誰もが認める「共通の認証」は存在していないため、いわば「統一されたスタンダード」を確立することが、この分野でのビジネス拡大にとっては大きな課題となっている。こうした状況からも、マレーシアが国を挙げて「ハラル認証の世界的ハブ」になることを目指し、活発な動きをみせていることも納得ができる。

6．ハラルと日本

この「ハラルビジネス」については、日本企業の間でも徐々に関心を示す

向きも増えてきている[3]。これは、少子・高齢化が進み、「市場」としての将来性に"陰り"が広がりつつある日本の現状を踏まえれば、自然な流れといえよう。例えば、近年における世界的な「和食ブーム」を支えているとされる"安心・安全"を売り物にする日本発の食材やその他の関連食料品などは、ハラルを基本とするイスラム圏の消費者の嗜好とは、ある意味で「親和性」があるとも言えるため、本邦企業などにとって"マレーシアを経由する"ことで、「新たな事業展開」の可能性に繋げることは経営戦略のひとつとして、十分、選択肢となり得よう。

Ⅱ　裾野が広がる「イスラム金融」

1.「イスラム金融」

　いわゆる「イスラム金融」については、「定義」らしきものがあるわけではない。一般には「イスラムの教義・慣行に従って運営される金融（サービス、商品）」を総称しているようで、本稿でも便宜上、これに従っている。その呼び方も、1990年代に入り本格的に広まったとされ、それ以前はイスラム銀行といった呼称が用いられていた。

　周知のとおり、資本主義における金融の基本概念とされる「利子の授受」は、「イスラム（式）銀行」制度の下では、これを否定する。それは「労せずして」生まれた（広義の）収益を認めることのないイスラム教独特の理念であり、多くのイスラム銀行では「当然のこと」として容認されている。しかし、こうした言わばイスラム独特の「善意」だけで銀行経営が出来るほど、「市場」は優しいものではない。

　1980年代後半から90年代、更にはその後の西側世界での急速な情報化とグローバル化の進展による『金融の変貌』は、イスラム金融の世界にも影響を与えることとなった。すなわち、原理・原則を重視しながらも、本来的に彼らが持っていた「現実に即した柔軟性」を活かすことで、"時代に即したイ

3　少し古いデータではあるが、2014年度時点で、日本の食品・食材製造関連企業で、（マレーシアを中心とした）「ハラル認証」を取得した数は80との報告がある（『平成26年度ハラール食品に係る実態調査事業（2015年1月）』農林水産省食料産業局企画課）。

スラム金融"へと、その姿を変えることを余儀なくされたと言っても過言ではないであろう。

　一方、歴史的に石油が維持してきた「戦略物資」としての性格も直ぐには無くならないとみられることから、「石油輸出国機構（OPEC）」が権勢をふるっていた80年代のピーク時には及ばないものの、産油国へは引き続き膨大なオイル・マネーが流入するものと予想される。ということは「ビジネスの市場」としてのイスラム金融は、今後も拡大することはあっても、縮小に向かうとは考え難く、この点からも中東産油国を中心としたイスラム・マネーの存在感は維持されていくと思われる。

図表4-11　世界のイスラム金融の市場規模（2016年）

（単位：10億米ドル）

	イスラム銀行-2）	イスラム債券-3）（スクーク）	イスラム・ファンド-4）	イスラム保険-5）（タカフル）	合　計
アジア	218.6	182.7	19.8	4.4	425.5
中東・北アリカ（うち、GCC-1）（GCCを除く中東・北アフリカ）	1,191.0（650.8）（540.5）	131.8（115.2）（16.6）	23.6（23.4）（0.2）	20.1（11.7）（8.4）	1,366.0（801.1）（565.7）
サブ・サハラ	26.6	1.9	1.5	0.6	30.6
上記以外	56.9	2.1	11.2	－	70.2
合　計	1,493.4（78.8%）	318.5（16.8%）	56.1（2.9%）	25.1（1.3%）	1,893.1（100.0%）

（注）　1．Gulf Corporation Council（湾岸協力機構＝サウジアラビア、アラブ首長国連邦（UAE）、バーレーン、オマーン、カタール、クウェート＝理事会）
　　　　2．イスラム銀行サービス専門の銀行と、同様のサービスを提供している一部の一般商業銀行が保有する資産の総額
　　　　3．金額は「スクーク債」として発行された債券の残高
　　　　4．「シャリア適格商品」として株式やスクーク債を組み込んだ投資信託の残高
　　　　5．金額は保険料収入の合計額
（出所）"Islamic Financial Services Industry Stability Report 2017"

　　　　第4章　ASEANの優等生、マレーシアは「中所得国の罠」から脱却できるか　121

２．イスラム金融の市場規模

　今後、米国など一部諸国による「内向き志向」が強まるとしても、趨勢としての「経済のグローバル化」に変わりはないと思われるため、結果として、イスラム圏においても銀行、証券、保険といった旧来からある分野では西側諸国との相互乗り入れを睨みつつ、広域ベースでの再編などを通じて、西欧資本主義との関係も深まっていくであろう。それは自然とイスラム金融の世界にも変化をもたらすことが予想され、国をまたいだ資金の調達やその後のフローなども、ますますボーダーレス化していくであろうことは想像に難くない。そして、こうした流れについて、イスラム金融だけが「背を向けて」存立するとも到底、思われない。最近における世界の「イスラム金融」の状況などについては専門家による分析に譲る[4]として、マレーシアの実情へと進むにあたり、サービス、商品別でみた世界のイスラム金融市場の規模を押さえておくこととしたい。

Ⅲ　アジア最大の「イスラム金融立国」を目指すマレーシア

１．イスラム金融の歴史等

　今日、マレーシアは、世界のイスラム金融において中東のバーレーンとともに有力な地位を占めており、その存在感の大きさは、例えば「スクーク債」市場にて強固な基盤を築いていることからもうかがえる。政府主導の下、歴史的に「イスラム金融」の整備と発展に向け、これまで様々な施策、支援策などを積み重ねてきた成果が華を開きつつあるとみることも可能であろう。前記したとおり、同国は「2020年までの高所得国入り」を国家目標と

4　『KLIFF2017の参加を通じたイスラム金融の最新動向』（荻野泰治『国際金融トピック No.307』公益財団法人国際通貨研究所）などが詳しい。更に、Thomson Reuters の発表によるデータ〜 "State of the Global Islamic Economy Report 2016／17" によると、イスラム教の理念によって運用されている世界の金融資産は、'16年末時点で2.2兆ドルと推測され、そのうち、イスラム銀行の管理に置かれている預金等の資産が1.6兆ドル、同じく保険資産が400億ドル、スクーク債に代表される債券（発行残高）が3,420億ドル、各種ファンドとして660億ドル、その他の金融資産として1,060億ドルに、それぞれ分類されるとしている。また、将来は、年率9.4％前後の伸びとともに、全体の資産も3.8兆ドル（2022年）前後に成長するとの予測を公表している。

して掲げており、政府、当局は首都クアラルンプールを国際金融の拠点とすることを目指している。「鍵」を握るのは、拡大が続くイスラム金融の一層の整備、拡充にあるとの認識から、そのリーディング・ポジションたらんとして今後も様々な政策立案と実行に努めていくものと思われる。

マレーシアが世界最大のスクーク債市場を擁するまでに、イスラム金融において強固な基盤を築き上げた要因としては、80年代の初めから地道に積み上げてきた関連制度の整備、市場拡大に向けた様々な対応などが寄与したことが挙げられる。

図表4−13で示したとおり、1983年には「イスラム銀行法」が制定され、Bank Islam Malaysia Berhadが国内初のイスラム金融専業の銀行として設立された。翌84年の「イスラム保険法」制定を経て、90年にはリンギ建てスクーク債の第一号を発行、更に93年には一般の銀行等にもイスラム金融サービスの取り扱いを認可した。2000年代以降もこうした対応を続け、06年には「マレーシア国際イスラム金融センター（Malaysia International Islamic Financial Centre, MIFC）」イニシアティブを発表した後、11年には中央銀行から政策遂行の重要分野のひとつとして、「イスラム金融の一層の国際化」が打ち出されるなど、近年、その推進は一貫して重要政策として位置付けられてきたことが判る内容となっている。

図表4−12　国別のスクーク債発行残高（2018年1月現在）

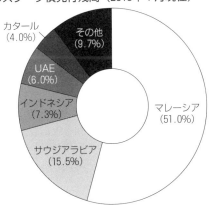

（出所）マレーシア国際イスラム金融センター

図表4-13 マレーシアにおけるイスラム金融の歴史及び制度対応

年	主な出来事
1963年	イスラム金融の起源とされる「(メッカへの)巡礼基金」設立
1983年	「イスラム銀行法」を制定 国内初のイスラム銀行 Bank Islam Malaysia Berhad 設立 政府投資法制定、非利子型の政府投資証書(GII)発行開始
1984年	(保険サービスに関する)「タカフル法」制定
1993年	イスラム銀行間資金取引市場整備 非利子銀行業スキーム導入、通常銀行によるイスラム金融ビジネス許可
1994年	イスラム銀行間資金市場(IIMM)開設
1997年	中央銀行、『シャリア・アドバイザリー委員会』設立
1999年	国内2番目のイスラム銀行、Bank Muamalat 設立
2001年	「国際イスラム金融市場(IIFM)」整備
2003年	「イスラム金融サービス評議会(IFSB)」本格活動開始
2004年	普通銀行5行にイスラム銀行子会社の設立を認可 イスラム銀行として初めて外銀3行を認可
2005年	証券委員会(SC)、イスラム上場不動産投資信託(REIT)の組成などについて「指針」を策定
2006年	「マレーシア国際イスラム金融センター(MIFC)」設立、同じく「イスラム金融国際研修センター」設置
2009年	イスラム銀行・投資銀行・タカフルの外資比率上限を49%から70%に拡大
2011年	中央銀行が「イスラム金融の更なる国際化」推進策を発表 「国際イスラム資金流動性保証機構(IILM)」設立
2013年	「イスラム金融サービス法」制定
2017年	SC、「イスラム・ファンド及び富裕層向け資産運用指針5か年計画」策定

(出所)「マレーシアの投資環境」(2014国際協力銀行)などを基に、マレーシア中
央銀行、同証券委員会などのデータを加え筆者作成

　さらに、90年代末に見舞われた「アジア通貨危機」を教訓に、国内資本市
場制度の全面的の見直しを進め、いわゆる『(第一次)資本市場マスタープ

124

ラン（CMP）』[5]の策定とその実施と平仄を合わせるかたちをとったことも見逃せない。また、この間に、中東地域の金融機関がスクーク債の発行体、或いは投資家としてマレーシアへ進出し始めたこと、インフラ整備の資金調達としての活用が増え始めたこと、国内、外でのスクーク債市場の育成を念頭においた「ソブリン・スクーク」の発行がみられるようになったことなども市場の拡大を後押ししたとされている。

2．イスラム金融の現状と課題

こうした政策対応、政府・当局による様々な支援などの結果、マレーシアでは2017年12月末現在、マレーシア中央銀行から「認可」を得た内外の16行（内訳はマレーシア籍の銀行が11、非マレーシア系銀行が5行）がイスラム金融サービス専業銀行として事業を行っている。

しかしながら、例えばイスラム世界において、大きなシェアを維持しているとは言え、スクーク債市場は西側諸国で確立されているコンベンショナルな債券市場に比べると、「市場規模」という点ではまだまだ劣後しており、イスラム保険とされる「タカフル」市場も同様である。ただ、それを差し引いても、①世界的にみて、イスラム教国の人口・経済成長率が上昇傾向にあること、②イスラム教徒の人口では世界最大とされるインドネシアが隣接しており、マレーシアからノウハウが移転することによって、インドネシアでも当該の金融サービスが普及しつつあること、③所得などの面でこれまでは金融サービスの対象となり難かったアジアのイスラム教徒も、徐々にではあるが、中間所得層の水準に達しつつあり、将来はイスラム金融の利用者とし

5　1997年に発生した「アジア通貨危機」により、マレーシアの資本市場も大きな影響を受けたことから、政府、当局主導により2001年2月に発表された国内市場の立て直しに向けた総合的な行動指針を指す。

実施期間を10年間と設定したうえで、①資金調達の機能強化、②資産運用業務の強化、③取引所など、市場運営機関の効率化及び競争力の強化、④ブローカーなど、市場仲介業者の経営力強化、⑤市場規制体系のレビューに加え、⑥イスラム金融センターを目指した制度整備を重点目標に据え、それぞれ段階的に必要な制度整備、施策の実施などに取り組んだ。いわば、国を挙げた市場整備という一大プロジェクトに早くから「イスラム金融の推進」を掲げていたところにも、当時から政府が力を入れていたことが窺える。なお、現在、この「第一次CMP」を引き継ぐかたちで「第二次CMP」が推進されている。

て期待が持てる状況となりつつあることなどを踏まえると、潜在的にアジアにおけるイスラム金融拡大の可能性はなお、高いとみるのが妥当であろう。その際には、これまで様々な施策を積み上げてきたマレーシアは、この分野での有力な地位を築いていくことは、十分、予想されるところではある。

　マレーシア資本市場の「イスラム金融」の現状については、同国証券委員会、Buesa Malaysia 等のデータによると、概略、以下のとおりとなっている。

図表 4 −14　マレーシア資本市場におけるイスラム金融の概況

① 国内株式市場における「シャリア準拠会社」

年	株式上場会社総数（ a ） （うち、シャリア準拠 会社数 − b ）	（ b ）／（ a ） （％）	株式時価総額 （ c ） （うち、シャリア準拠 会社数 − d ）	（ c ）／（ d ） （％）
2017	905 （688）	76.02	1,906.84 (1,133.83)	59.46
2016	904 （688）	74.23	1,667.37 (1,030.56)	61.81
2015	903 （688）	73.86	1,694.78 (1,086.20)	64.09
2014	906 （688）	74.28	1,651.18 (1,012.14)	61.30

（出所）Securities Commission, Bursa Malaysia

② 国内債券市場の概要 （うち、スクーク債）

（単位：10億 RM）

年	新規発行	発行残高
2017	317.93 （165.68）	1,282.91 （759.64）
2016	240.56 （129.45）	1,172.91 （661.09）
2015	270.15 （117.70）	1,124.84 （607.93）
2014	492.23 （262.76）	1,109.71 （576.31）

（注）1．2017年末現在、マレーシア取引所（Bursa Malaysia）には、株式のほかに、上場不動産投信（REIT）が18銘柄上場しているが、そのうち4銘柄（上場 REIT に占める比率は22.2％）は、ヘルスケア関連施設、不動産・小売・食品向けモール、オフィス・工業団地用不動産、ペトロナス・タワー等大型オフィスビルを組み込んだ構成となっている。また、上場投資信託（ETF）は9銘柄が上場しているが、そのうちの4銘柄が同じくイスラム金融に基づいた商品として取引されている。

　　　2．'17年末時点ではスクーク債として25銘柄が上場している

（出所）Securities Commission, Bursa Malaysia

3．イスラム金融としての上場商品

　いずれにしても、スクーク債市場の拡大を軸に、イスラム金融における新たな国際金融センターたらんとする同国の姿勢はアグレッシブなものがあり、世界のイスラム諸国の中でも突出しているとみて差し支えない。例えば、政府、中央銀行、規制当局と並び、マレーシア取引所（Bursa Malaysia）による積極的な取り組みも無視できない。すなわち、同取引所では、伝統的な株式などとは別に、イスラム金融としての上場商品について、*"Bursa Malaysia equity（ETF, etc）-i"* の名称を付けた新たな専用のセグメントを設けることで、他の取引所にはみられない特色ある市場運営に努めていることは興味深いものがある。

　このように「イスラム金融」に照準をあわせた独自の取引セグメントの整備、拡充に取り組んできた結果、昨年段階では、株式上場会社の70％を超える会社が、いわゆる「シャリア準拠」の認定を得たかたちで上場会社として登録されており、マレーシアでの「株式上場」に際しては、その認定を得ることが事実上の「基準」として位置づけられつつある。株式以外のその他の上場商品についても、着実に「イスラム金融」の色彩の濃いものが増加しつつある（前掲図表4−14①参照）。

4．シャリア準拠によるペンションファンド

　こうした様々な対応をみると、イスラム金融において、制度、運用・運営、規制などでマレーシアは先陣をきっていると言っても過言ではない。例えば、2017年1月には、世界で初めて、「シャリア準拠」によるペンション・ファンドを発足させたことなどは、その一例と言えよう。すなわち、主に民間企業の勤労者、自営業者などを対象とした同国最大の公的年金、「従業員年金基金（Employees Provident fund, EPF）」に積み立てられている原資（6,817億リンギ）の一部（15％，590億リンギ　加入者数では63万5,037名）を、イスラム金融の下での運用に切り替えたことは、マレーシアにおけるイスラム金融の歴史に新たな1ページを記すものとして注目されよう。政府はこれを、EPFにとって伝統的な運用と並ぶ「オルタナティブ投資」として位置づけており、最終的には運用資産規模も1,000億リンギに拡

図表4－15 マレーシアの国内運用業界による投資対象別資産運用状況
（うち、シャリア準拠による投資）

（単位：10億 RM）

年	投資対象資産								計
	株式	債券	短期金融市場商品	ユニット・トラスト	プライベート・エクィティ（非上場）	不動産投資信託（REIT）	上場投資信託[注]（ETF）	その他	
2017	396.13 (69.52)	154.37 (36.14)	164.14 (56.08)	27.58 (2.09)	11.92 (0.14)	46.68 (19.07)	1,935.57 (468.43)	22.09 (8.18)	824.84 (191.7)
2016	336.51 (57.77)	142.56 (32.75)	164.44 (47.56)	20.75 (1.30)	13.55 (0.18)	44.31 (18.53)	1,903.99 (418.01)	18.47 (10.07)	742.48 (168.59)
2015	328.73 (54.26)	137.32 (30.72)	156.34 (40.74)	19.39 (1.03)	12.46 (0.23)	37,48 (16.11)	1,707.50 (355.91)	13.58 (5.41)	705.64 (148.84)
2014	302.99 (44.28)	124.52 (25.87)	164.50 (34.58)	15.27 (0.96)	11.15 (0.21)	35.67 (15.06)	1,010.79 (310.27)	11.50 (4.69)	666.61 (125.97)

（注）単位100万 RM
（出所）Securities Commission, Bursa Malaysia など

大していく旨、明らかにされている。

　このほかにも、先進国における運用で近年、注目を集めている ESG 投資についても、もともと「イスラムの教義」には類似した思想や理念が定着していることから、イスラム金融との「親和性」があると指摘する向きもあり、今後の展開については、やはり注視していく必要があろう。参考までに、図表4－15では、マレーシアにおけるイスラム金融ベースによる「資産運用」の概況について、証券委員会等のデータを基にとりまとめている。

　このように、官民挙げたイスラム金融振興に向けた動きは、基本的に今後も継続されていくことが予想される。それがどこまで政府、当局が期待する成果を生み出すかは、無論、未だ見通すことはできない。また、「2020年の先進国入り」を実現する助けとなるか否かも定かではない。

　それでも、アジア有数のイスラム国家という自らの置かれている立場を認識しつつ、それを「新たな国造り」の一助として位置づけながら、様々な施策を執り続ける姿勢には大いに触発される。それは、とかく「総花的なメニュー」を並べがちな我が国の「国際金融センター構想」にはみられない姿であるとも言えよう。換言すれば、ひとつの大きな国家目標の実現のために

は、いわゆる「タテ割り（＝業界の利害調整）」による偏狭なセクショナリズムを排しつつ、時にはトップダウンとも言える強力な「指導力」を動員しても進めるという、強い意思が必要とされることが認識されているといっても過言ではなさそうである。この点については、かねてより"上から目線"でアジアの市場をみているうちに、「後発組」とみなしていた各市場に追い抜かれ、或いは追い上げられつつある我が国の「金融改革」には教訓ともなり得よう。その意味でも、イスラム金融の国際ハブセンターを目指すマレーシアの動きは、「国造り」にあたってのひとつの方向性を示すものとして軽視すべきでないと思われる。

■ 第4節

結びに代えて

1．TPP協議とブミプトラ政策

　マレーシアの成長にとって長らく"強み"とされてきた「安定した政治」も、今年5月9日に行われた5年ぶりの総選挙の結果、野党勢力が勝利を納め、独立以来、初めて政権交代が実現したことで、ひとつの転機を迎えたことは注目すべき動きと言える。さらに長年、強みとしてきた「比較的安価な人件費」も、近年では色褪せていることも問題として積み残されている。

　「市場規模」もインドネシア、ベトナム、タイなど、他のASEAN諸国に比べると相対的に小さいことから、ASEANにおける投資先としての優先度は、今日、必ずしも「高い」とは言い難い。それだけに、再び「有力な投資先」として内、外からの注目を集めるには、周辺国では"手に入らない"、"マレーシアならではの魅力"を改めて創造、供給することで、次なる成長への足掛かりとする以外に「更なる発展＝先進国入り」は約束されないであろう。

　さすがに、この点についてはマレーシアも認識しているようで、自動車産業のタイ（バンコク）集積が進むのを横目に、電機・電子・光学部品関連産業のマレーシアへの集積に力を入れてきた。その結果、サプライチェーンが一定程度発達、整備されてきたことを受けて、ASEAN域内に加え、「環太

平洋経済連携協定（TPP）」によって、巨大な北米市場への進出を確保することで競争力を高める戦略へと結びついたのであろう。しかしながら、TPP参加国のなかで「最大の経済力＝市場規模」を有する米国が政権交代を機にTPP協議から「離脱」したため、これも画餅に帰すこととなってしまった。したがって、マレーシアとしては、米国抜きの「TPP11」への対応を練り直すだけでなく、新たな戦略プランを描かざる得なくなっている。

　では、どのようなオプションが取り得るのか。まずはマレーシア自身が独立以来、国是としてしてきた「自国民優先主義（いわゆるブミプトラ政策）」の見直しを図り、「自由な投資が可能な国」への転換をどこまで進められるかが課題としてあげられよう。

　ブミプトラ政策の「功罪」については、専門家の優れた分析、論証に譲るとして[6]、その「見直し」に踏み込むということは、この国にとっては優れて政治運営上の「基本政策の撤廃」と同義語であり、一筋縄ではいかないことは明らかである。米国の離脱前まで続けられていた「TPP協議」でも、当時のオバマ政権からすれば、マレーシアが長年、継続してきたこの政策は文字どおりの「保護主義」にしか映らず、『開かれた市場主義を追求する』TPPの理念とは相容れないものとして、協議の過程では強くその全面的な見直し（＝撤廃）を要求し続けたとされている。

　それでも米国が離脱した後のTPP参加11カ国は、最終的にはこの「ブミプトラ政策」をマレーシアが「継続する権利」を認める、という格好で発効まで漕ぎつけた。しかし、例えば自動車産業に関するブミプトラ政策（自国産自動車の市場保護を意図した外国製自動車の輸入許可制度など）については、米国の強硬な要求に応えるかたちで、将来、「撤廃」することを既に確約している。更に、いわゆる政府調達と国有企業による各種調達にについても、限定的ながらTPP参加国の外国企業にも『開放する』するとしている

6　"Pro-bumiputera policy tough to scrap" Aug.4 2017 "The Straight Times"、"A Never Ending Stoty" Apr.27. 2013 "The Economist"、「マレーシアのナジブ新政権とブミプトラ政策の行方」（小野沢純　「国際貿易と投資」国際貿易投資研究所　2009年秋号 No.77）、「TPP協定におけるマレーシアのブミプトラ政策～ブミプトラ企業の競争力改善となるか～」（小野沢純　「国際貿易と投資」国際貿易投資研究所2017年春号 No.107）などがくわしい。

ため、これまで、ブミプトラ政策の保護下で、国際競争の経験を積む機会の
無かった国内企業も、早晩、厳しい国際競争に晒されることになろう。

　TPP 協議は、結果として、有形・無形の「政府保護」に安住していたマ
レーシアに「グローバル化への対応」という名の警鐘を鳴らした格好となっ
た。それ故政府には、こうした時代環境の変化に適応した新たな包括的な産
業政策、指針といったものを描いていくことが求められるが、そのために残
された時間は多くはない。

２．イスラム金融の強化

　一方、本稿でとりあげた「イスラム・ビジネスの拡大」という視点から、
その柱として重視されている「イスラム金融の強化」についても、課題が指
摘されている。以下、それらを簡単にまとめてみたい。

　2017年7月、マレーシア中央銀行（BNM）は、イスラム金融のあるべき
姿として、「投資価値を重視した金融ビジネスの推進」を提唱、その理念や
思想をとりまとめた戦略ペーパーを発表した[7]。

　その目指すところは、世界が直面している貧困、様々な不平等、環境問
題、生態系の維持と都市化との調和、健康の維持と教育の機会確保といった
幅広い問題に対し、持続可能性（sustainable）いう視点から「金融」の果た
し得る役割、機能といったものを追求することにあり、個々の課題解決に向
けて「金融」が側面から対応していくとする内容になっている。

　こうしたアプローチは、近年、先進国諸国の金融ビジネスが注目する環境
（environment）、社会問題（social）、ガバナンス（governance）に関連す
る課題と絡めた ESG 投資や、無理のない、持続可能な課題解決に向けた投
資の姿（SDG 投資）などとの『親和性』をみることも可能であり、場合に
よっては双方が歩み寄ることで地球規模での「投資の裾野拡大」へとつなげ
ることも期待が出来そうである。

　近年、主要国の金融ビジネスは、第4次産業革命（4.0）、フィンテック、
デジタル・バンキングといった「（破壊的〜disruptive）革新の波」に洗わ

---

7 "Strategy Paper on Value-based Intermediation: Strengthening the Roles and
　Impact of Islamic Finance" July 20, 2017

第4章　ASEANの優等生、マレーシアは「中所得国の罠」から脱却できるか　131

れており、この流れはいずれ、新興国や独自の教義を基盤とするイスラム諸国の「金融」にも及んでいくものと思料される。

例えば、近年、新興国においても成長が著しいとされる「中間所得層を対象とした金融サービス」について、独自の教義をもつ「イスラム金融」として、今後、どのように対応していくのか。構造的に中小規模の金融機関が多いとされるイスラム諸国では、専門知識に富んだ人材の確保という面でも、或いは、複雑な投資運用技能を支える高度なコンピューター・システムの開発といった面においても、なお見劣りしていることは否めない。言い換えれば、イスラム金融の世界が短期間に「グローバル・スタンダード」を身に付けられるとは想像し難く、それを可能にするためには、まずは先進国と同レベルの「金融仲介サービス」を提供できるだけの力量を有した金融機関を育て上げる必要があろう。しかし現実には、イスラム諸国の中でも、比較的『金融』が整備されているとされるマレーシアですら、先進国の金融機関に比べると、今なお経営規模が脆弱な銀行等が大半であり、"足腰が強く"、"規模のメリットを活かせる"金融サービスの提供という点については、まだその「途上」とみざるを得ない。

となると、一定規模を確保したうえで、早晩、マレーシアにも進出してくると予想される先進国のライバル金融機関に対抗するためには、足元の業界内で、例えば合従連衡を含め、業界としての競争力を備えておくべきであろう。ここでも残された時間は限られているとみざるを得ない。

3．日本にとってのマレーシア

最後に、前記した今回の総選挙の結果と共に、「日本にとってのマレーシア」という視点から、この国との関係をみておくこととする (章末に付加した『補論』も参照されたい)。

東南アジアの地図をみるまでもなく、マレーシアは、「マラッカ海峡」をはさみ、対岸のインドネシアとともに、我が国にとって重要な「生命線」となっていることは今も変わらない。近年では、我が国からリタイアした熟年世代が多数移住するなど、日系企業の進出以来、長く続いた電気・電子部品の製造拠点というイメージに加え、新たな姿も見せ始めている。

外交面では基本的に我が国と良好な関係を維持してきたが、ナジブ前政権が積極的な「対中接近」へのシフトを強める過程で、中国自身の影響力が非常に大きくなっていったことは注目すべきであろう。例えば、その中国が「世界戦略」の先兵と位置付けている『一帯一路』プロジェクトにおいて、メディアなどではとりあげられることは少ないが、マレーシア自身が同プロジェクトの中で、実は重要な位置取りを占めていることが、前政権が推進してきた主要な大規模建設計画に見出すことも可能である。例えば、シンガポールと首都クアラルンプールを結ぶ「新幹線」建設や、国内各地を結ぶ幹線鉄道網の整備計画などには、既に中国の関連企業が深くコミットしており、前政権と中国との結びつきの深さを感じさせるものがある。

　15年ぶりに政界に復帰した形となったマハティール新首相が、中国に傾いたこうした現状を従来から掲げる"全アジア主義"に基づいた、いわば「全方位外交」路線とどのように"兼ね合い"を図っていくのか、我が国も慎重にその推移をみていくことが必要になろう。

　マレーシアはアジアを代表するイスラム国のひとつであり、我が国産業界の中には、この国を介して、潜在的な成長力を秘めたイスラム諸国への進出を企図している向きも少なくない。であれば、ハラル・ビジネス、金融サービスといった面から、自らの進出可能性について必要な手立てを講じておくことは、後々、プラスとなって戻ってくることもあり得よう。

　はたしてマレーシアは「中所得国の罠」から抜け出すことが出来るのか。
　不可能とは思えないが、「確実に抜けだせる」とみるのも、現時点では早計ではないかと思われる。人口動態、国土、産業分布などからみて、この国は嘗ての日本やシンガポールとは、置かれている条件、また環境が異なるため、2020年に「先進国の仲間入り」することができるかどうかについては、なお不透明な要素が多すぎると思えるからである。
　その可能性が「消えた」とは思えないが、民族間の融和など、難しい政治課題や国民的課題の解決を従来は「先送り」したり、或いは、安易な「バラマキ」という対応で"逃げてきた"感のあるマレーシアだけに、今後はこれ

まで以上に「リーダーシップ」が問われてしかるべきであろう。それはマレーシアに限らず、そうした覚悟の有無こそが、ひとつの国の「持続性ある成長」を現実のものとする最大の要素であると思えるからである。これに取り組むことが出来るのであれば、この国の将来に賭ける価値はなお、残されているのではないか。別の視点に立てば、我が国も "ルックイースト時代からの友好国として築き上げてきた歴史" に安住することなく、この国の更なる発展には何が必要か、マレーシアだけに任せるのではなく、「長年の友人」を自認するのであれば、日本もまた、どう立ち向かっていくのかが問われていることを、改めて認識すべき時期にきていると思えてならない。

補論　〜総選挙後のマレーシアの行方について〜

1．初の政権交代

　既報のとおり、マレーシアでは去る5月9日、5年ぶりに連邦下院議員選挙が行われ、独立（1957年）以来、初の政権交代が実現し、翌10日には、退任（2003年）以来、15年ぶりに、マハティール・モハメッド元首相が「第七代首相」に就任した。

　今回の総選挙については、事前の予想を覆す「与党大敗」に終わったため、内、外から大きな反響を呼ぶ結果となった。各種情報を総合すると、「野党連合」の勝因としては、大きく次の三つに集約されると思われる。① GST（マレーシア版消費税）の導入による生活費の上昇に多くの国民の不満が募り、加えてナジブ前首相にまつわる数々のスキャンダルに、与党支持者の間にも政権離れが広がったこと、② ペナン、セランゴールといった幾つかの州での、野党出身者による堅実な行政手腕への理解、支持が広がっていたこと、③ 近年では支持率で低迷していたナジブ前首相に比べ、マハティール、アンワール元・副首相の両氏は、今も国民の間では高い人気を誇り、馴染み深い存在であったこと、など。

　第4章としてとりまとめた拙稿は当該選挙の結果が明らかになる前のものであり、今回の総選挙結果が今後、どのような影響を与えるのか、また、新政権がどのような方向性を示すのかなどに関しては、材料不足のため、論及

するまでには至らかった。総選挙からある程度の時間が過ぎた今、入手し得る限りの情報、事実関係などを基に、改めて以下「補論」というかたちで今回の選挙、今後の展望などにつき、若干の考察を試みることとしたい。

　民主主義確立の要件のひとつとして、「選挙による平和的な政権移譲」を挙げるとすれば、今回の総選挙結果をもってマレーシアは、少なくともその資格を確保したといえよう。また、今回の政権交代は80年代初めから2003年までの22年間、首相として同国を成長軌道に乗せたことで、そのカリスマ性から今も国民に人気が高いとされるマハティール氏の存在を抜きにしては語れないように思われる。

　そんなマハティール氏をして、自らの首相在任中から党首として率いてきた与党組織の「統一マレー国民戦線（UMNO）」の実権を禅譲したナジブ前首相と「袂を分かつ」という決断に至らせたのは、前首相に絡む相次ぐスキャンダルを放置していては、今日のマレーシアの成長の基礎を築いた自らの政治的遺産にも傷がつくことを怖れたとの見方も、あながち否定し難いものがある。仮にそうした一面もあったとすれば、今回、政治舞台に復帰するということは、元首相には譲れない判断でもあったと言えよう。

　同様に、嘗ては副首相として、ポスト・マハティールとされながら、突然解任され、その後も度重なる政治的迫害を受けていたアンワール・イブラヒム元副首相に「政権を託す」と明言していることも評価する声が多い。

　政治家としての経験、穏健、かつ、自由な考え方を重視するとした価値観など、新生マレーシアが必要とする技量、能力を兼ね備えているのはアンワール氏をおいて他に見当たらず、国際的にも評価が高いことは、今後、マハティール氏から政権を受け継いだ後の政策運営にはプラスになるのは明らかであろう。

　無論、アンワール氏とて生身の人間であり、失敗しないとも限らない。それでも、1998年秋、絶対権力者としてトップに君臨していたマハティール首相（当時）から、『政策スタンスの違い』を理由に、突如、副首相職を解任されて以来、「政治犯」としての生活を余儀なくされてきた処遇や経験は、

第4章　ASEANの優等生、マレーシアは「中所得国の罠」から脱却できるか　135

他の政治指導者では得られない「信頼感」を国民の間に植え付けてきたのも事実である。支持者のなかには、獄中生活25年を経た後、南アフリカを率いることになる故ネルソン・マンデラ元大統領と重ね合わせる人も少なくないと聞く。元大統領のように、自らを獄中に追い込んだ「敵」へ報復するのではなく、ルールに基づいた判断に立った政治を志向するのであれば、ポスト・マハティールとして、「復活」が約束されているアンワール氏の下で、マレーシアも新しい方向といったものを示すことが出来るであろう。

２．新政権の当面の課題

　当面、新政権はどのような政策から着手し、どのような路線を志向しようとしているのか。それらはとりもなおさず、現在のマレーシアにとっての「課題」への対応でもある。以下、私見も交えつつ、簡単に整理しておきたい。

図表４−16　新政権の頭目の課題

① 「政権交代を目指す」ことだけで結びついた寄り合い所帯で、安定した政権運営が可能なのか
② 前政権同様、いわゆる「バラまき型選挙公約」を実施すれば、更なる財政悪化を招き、その結果、（嘗てのアジア通貨危機当時のような）通貨安を呼び起こすことにならないか
③ 前政権が進めていた対中関係強化の見直しと、それに伴う対外関係の再構築がどのようなものになるのか

（出所）各種報道を基に筆者作成

(1)　新政権の安定基盤の確立

　この点に関しては、現時点では依然として状況が流動的、かつ、不透明なことから見通しがつき難い。「政権交代」の一点で歩調を合わせた４派から成る"野党連合"は、やはり"寄り合い所帯"の色彩が濃いのは否定できない。総選挙の「熱気」が冷め、それぞれの党派、グループが冷静さを取り戻した時に、今も国内経済の実権を握るとされる華人系やインド系勢力と大多数を占めるマレー系支持者との「融和」を図るという積年の課題への対応は、たとえ国民の高い支持を得ているとされるマハティール新首相と言えど

も難しいであろう。

しかし、政権交代の直後から直近までの推移には幾つか注目に値する動きもみられる。例えば、新政権の財務大臣として、初めて華人のリム・グアンエン氏が選ばれたことは、前回のマハティール政権当時では考えられない人事であり、内、外からの注目度も高いものとなっている。新蔵相は直前までペナン州の行政責任者（州首相）を務め、堅実な手腕には定評があったとされる人物であり、"マレー人"のマハティール新首相としても、新政権を支える各党（各民族）の「融和」を掲げるからには、その実績を無視することは出来なかったものと思われる。換言すると、これからは「能力さえあれば、人種・民族に拘らず、政府の枢要ポストへ登用される道が開けた」ことを示しているとも言えそうである。その一方で、内務大臣と防衛大臣という内政と外交の要ともいえるポストにはマレー人が就くことで、圧倒的多数のマレー人の不安を抑えるなど、マハティール氏ならではの「老練な」采配ぶりが際立っているようにもうかがえる。

「ブミプトラ」の名の下で自国民を優遇してきた政策は、気づかぬうちに一部エリート層の政治的、経済的利益を追求する過程で、マレーシア自身が「競争力」を低下させてしまい、結果として「中所得国の罠」に陥ってしまったとの指摘は、十分説得力を持っている。一部とはいえ、「行き過ぎた」ブミプトラを推進したことや、政府による広範囲に渡る自国民保護の姿勢は、いつの間にかマレーシアという国から「進取の気概」を奪ってしまい、非マレー系（華人系）の優秀な国民がより良い就労の機会を求め、隣国、とりわけシンガポールへと移り住む事態を招いている現状は、新政権としてはもはや見過ごすことは出来ないことと思われる。

今回の選挙戦でも、歴代の政権によって引き継がれてきたブミプトラ政策の見直しが"隠れた争点"となっていただけに、積年の課題とされる「民族融和」に新政権がどう対応していくのか、注目されよう。

ただ、それも少し視点を変えてみると、また異なる景色がみえてくる。例えば、政権交代後にシンガポールのテレビ局の取材に対し、クアラルンプール在住の華人が応えていたコメントは興味深いものがある。即ち、マレーシ

アで生活する華人やインド人は、長年続けられてきたブミプトラ政策、"マレー人中心主義"の体制の下で、事実上の「忍従」を余儀なくされてきたが、年月を経るうちに、そうした体制、仕組みに"適応する"術（すべ）を身に付けてきたので、親の世代などに比べると、マレー人優先主義という姿勢にただ反発するという意識も薄れつつある、というものである。

こうした変化はマレー人の意識の変化とも相通じるものがあるようにも思われる。今回の選挙では最後まで特に若い層の間で、腐敗にまみれた前政権への反発が強かったとされ、新しい国造りのためには他民族との「協調」も不可欠であるとする認識が広がっていったとも報じられた。こうした「新たな流れ」が確実になれば、「民族融合」に基づく安定した政治を目指すとした新政権にとっては大いなる「追い風」ともなり得よう。

(2) 人気取り政策

②については、まさに拙稿のコアのテーマとして掲げた「中所得国の罠」からの脱却とも密接に関わりをもっている。

今回の総選挙での野党連合の勝利は、消費税の廃止やガソリン等の燃料に対する補助金制度の復活、高速道路料金の無料化など、国民には「耳障りの良い」政策を掲げたことも奏功したと言われている。しかし、こうした「人気取り」政策は、政府負担の肥大化（財政支出の増加）と税収減につながることは言うまでもない。ちなみに昨年（2017年）時点で、マレーシアが抱える政府債務は対GDP比54％（推計）となっており、隣国のタイ（同42％）、インドネシア（同29％）よりも見劣りする状況にある（図表4-17参照）。

前政権は支持率の維持に向け、低所得者を対象とした各種給付金の付与など、公的支出に負担を強いる政策を積み重ねてきた。新政権としてはそうした「負の遺産」を引き継いだうえで、更に選挙戦を通じて自らも公約として掲げた類似の「ばら撒き」も実行せざるを得ない立場にある。

マレーシアの国家財政はエネルギー価格の動向に左右され易い構造にあり、もともと国家としての財政余力には安定感に欠けるところがあることは否めない。このまま政府支出の増大が続き、何らかの抑制策などがとられないのであれば、「2020年には先進国入りを果たす」ために必要とされる成長

図表4−17　アジア主要国の政府債務の状況（2017年）

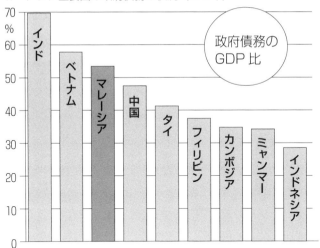

（出所）5月10日付「日本経済新聞（電子版）」（原データは国際通貨基金）

分野の育成などに割く財源も、おのずと制限されてしまうことになろう。

　新政権が「公約どおりに」消費税廃止による歳入減と各種補助金支給の復活による支出拡大を実行した場合には、財政の更なる悪化懸念から、海外から流入している短期資本が一気に流出する可能性も否定しきれない。そのあたりの動きは、海外の投機資金も既に注意深く見ていることだろう。一部では、新政権を率いることになったマハティール首相が勝利を確認した後、翌10日、11日を「祝日」として為替を含む国内金融市場を閉鎖したのも、通貨リンギに対する投機筋のウリや株価の下落を懸念したからだとの見方も出ているが、20年前に同様の経験をしている新首相であれば、十分にあり得る判断であったと思われる。

　更にマハティール新首相は、前政権が掲げた各種の大規模プロジェクトについても「見直す」としており、実際に「再検討」となった場合には、投資に伴う「リスク」の顕在化を嫌う海外からの投資マネーの流入にも何らかの影響が出るとみておくことも必要かもしれない。

⑶ 対中関係の見直し

　③の対中関係の「見直し」をマハティール氏が公言しているのは、マレー人であることに起因する identity がそれを意識させていると指摘する向きもある。或いはマハティール氏自身、首相として20年前、自国を本格的な成長軌道に乗せるにあたり、日本や韓国などの成長の軌跡をみて、言わば全方位的視点に立った外交戦略を推進した効果を実感したという教訓が、「一国に依存する」リスクといったものを感じとっているようにもうかがえるが、真意のほどは判らない。

　長年、日本との関係を重視してきた新首相は、今回の選挙戦を通じて、前政権による「中国偏重姿勢」を批判し続けてきたが、政権発足後、推進中の巨大プロジェクトについて大胆な見通しを行うことを表明し、前政権との違いをアピールしている。例えば、入札中のクアラルンプールとシンガポールを結ぶ高速鉄道計画では、財政への負担を考慮するとして「白紙に戻す」ことを表明、同計画が中国主導で進められてきただけに、新政権による今後の対中政策にも少なからぬ影響が及ぶものと思われる。

　財政が今後、一層悪化し、その結果として通貨安が進めば、現地での輸入価格が上昇し、日系の関連企業にも悪影響が及ぶこともあり得よう。それだけに、「選挙目当て」との根強い批判にも拘らず、新政権が政権公約として掲げた様々な基本政策を、具体的にどのようなかたちで実現させていくのか、いくら「過去の実績がある」とされる老練なマハティール首相と言えども、前途に待ち構えている難題への対応には注目せざるを得ないと思われる。

　なお、マレーシアに拠点を置く日系企業は昨年末現在で約1,400社にのぼり、我が国比べ安価な労働力を背景に1980年代後半から電機メーカーなどが相次ぎ進出、近年では現地の所得向上に伴い、各種のサービス業も後を追う展開となっている。新政権は、日本の消費税に当たる「物品サービス税（GST）の廃止」を掲げており、実現すれば国内消費の押し上げにつながる可能性があるため、各種サービス業の分野で進出を加速させている日系企業にはフォローの風となり得るであろう。

3．民主主義の前進

　今回の総選挙で、（西欧流の民主主義は未成熟と見なされていた）マレーシアでも、選挙という民意を反映するうえでの最大の手段が機能し、政権の交代を可能にしたという事実は無視できない。換言すれば、この国の多くの国民にとって、政府を自らの手で「選択できる」という自信は、そのまま「新たな誇り」ともなった筈である。

　いずれにせよ、新政権が、長らく抑圧されてきたとされる自由な言論や政治活動を「法的に」保障するだけでなく、常に「政権寄り」とされてきた司法や選挙制度、独立性・中立性に疑問符が付くとされてきた報道のありかたなどにもメスを入れ、強権的な首相権力にも制限を加えることが出来て初めて、今回の総選挙は、マレーシアの民主主義を一歩、前進させたと言えるのではないかと思料する次第である。

＜参考文献＞
・Bank Negara Malaysia（BNM），Bursa Malaysia, Securities Commission（SC），Ministry of Finance 編纂による *Annual Report* 2015～2017各年版
・Islamic Financial Services Board, *Islamic Financial Services Industry Stability Report 2017*
・World Bank, *Global Report on Islamic Finance : Islamic Finance - A Catalyst for Shared Prosperity?*
・CNBC Finance 19, Dec.2017, *Islamic finance is becoming so attractive that even non-Muslims want in*
・The Economist　Sep.13th 2014, *Islamic finance：Big interest, no interest：The market for Islamic financial products is growing fast*
・B&R Beurs, *The Rise of Islamic Finance*
・サバリア・ノルディン、ザエマ・ザイヌディン「イスラム金融の基礎」（日本マレーシア協会2017年5月）
・小野沢純　「マレーシアは高所得国への移行が可能か」（「国際問題」No.633 2014年7・8月号）
・福田安志編　「イスラム金融のグローバル化と各国の対応」（アジア経済研

究所2009年)

・糠谷英輝 「イスラム金融〜今後の展開の方向性〜」(月間「資本市場」2017年5月号資本市場研究会)

・荻野泰治 「発展するマレーシアのスクーク市場と今後の展望」(「国際金融トピックス No.308 2017年11月 公益財団法人国際通貨研究所)

第5章

タイの資本市場について

■ 第1節

タイの政治経済の現状

I　政治

　タイは、インドシナ半島の中心部に位置する王国で、1932年の立憲革命を経て現在の立憲君主制となった。過去13回もの軍事クーデターが起きており、たびたび軍政と民政の行き来を繰り返している。直近では、タクシン元首相派と反タクシン派の対立に伴う政治混乱後に軍事クーデターが起き、2014年9月にプラユット暫定内閣が発足。その後、軍政が続いているところであるが、2018年内には民政復帰に向けた総選挙が予定されている。

　なお、タイの政治において国王の存在が非常に大きいのが特徴である。過去、幾度となくクーデターが繰り返されてきたが、その沈静化にも国王が大きな役割を果たしてきた。特に、2016年10月に崩御したプミポン国王（ラーマ9世）は、世界最長70年間の在位年数を誇り、タイ国民の精神的支柱とも言うべき存在であった。現在は、2016年12月にワチラロンコン皇太子が新国王に即位している。

II　経済

　タイ政府は、2016年に新経済政策「タイランド4.0」を打ち出し、現在、諸施策を推進している。タイランド4.0とは、これまでの経済発展の歴史を、農耕社会と家内工業を中心とした時代（タイランド1.0）、軽工業・輸入代替・天然資源や安い労働力を活かした時代（タイランド2.0）、重工業・輸出促進・海外からの直接投資の時代（タイランド3.0）の3フェーズに分け、その上で次の時代を担う経済発展の基本戦略を描いたものである。

　タイは、過去の段階的な工業化の過程で国の富を増やしてきたものの、この数年間経済成長率が足踏みをしており、いわゆる"中所得国（中進国）の罠"を脱することのできない状況にあった。タイ政府はこうした状況からの

脱却を図るべく新経済政策を打ち出し、伝統的農業をスマート農業へ、伝統的中小企業からベンチャー企業へ、技術を買うから産み出すへ、伝統的サービスから付加価値の高いサービスへ、非熟練作業者から知識労働者・熟練作業者へ、と構造改革を図り、2036年までの高所得国入りを目指している。

図表5－1　主なASEAN諸国の一人当たり実質GDP（2017年）

	一人当たり実質GDP 単位：USD
タイ	6,590
シンガポール	57,713
マレーシア	9,812
インドネシア	3,875
ベトナム	2,353
フィリピン	2,976

（出所）IMF-World Economic Outlook

図表5－2　タイの一人当たり実質GDP

	一人当たり実質GDP 単位：TBH	成長率
2010年	122,250	6.9%
2011年	122,735	0.4%
2012年	131,009	6.7%
2013年	133,857	2.2%
2014年	134,467	0.5%
2015年	138,163	2.7%
2016年	142,403	3.1%
2017年	147,717	3.7%

（出所）IMF-World Economic Outlook

第5章　タイの資本市場について　145

タイランド4.0では、優先的に注力する10の産業のうち、まずは周辺国に比べて優位性のある5つの産業、次世代自動車、スマートエレクトロニクス、医療ツーリズム、農業・バイオテクノロジー、食品分野を先行して育成し、その後、ロボティクス、航空・ロジスティクス、バイオ燃料・バイオ化学、デジタル技術、医療ハブに注力する予定であり、各産業育成に向けた優遇政策を実施している。

　また、タイランド4.0を推進するための施策の一つとして、首都バンコク東部の東部経済回廊（Eastern Economic Corridor：EEC）に15のインフラ開発プロジェクトを総額1兆7,000バーツ（約5兆円）で開始しており、代表的なものとして、東部経済回廊に接続する経済特区の一つデジタルパーク・タイランドに、タイランド4.0で注力する10の産業を積極的に誘致する計画が進められている。

図表5－3　東部経済回廊とデジタルパーク・タイランド

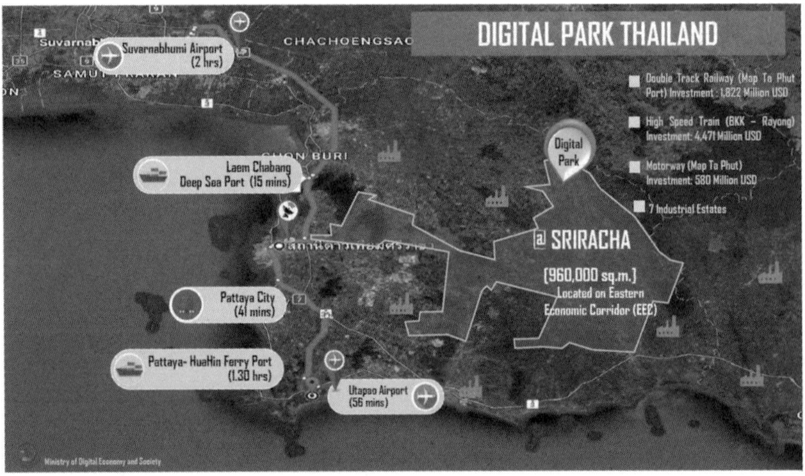

（出所）Digital Park Thailand website

Ⅲ　外交及び日本との関係

　タイは、長年にわたり柔軟な全方位外交を維持しつつ、ASEAN諸国との連携と、日本、米国、中国等の主要国との協調を基本方針としている。

中でも、経済成長戦略の関連では、ASEAN周辺国との連結性の強化を特に重視している。アセアン経済共同体（AEC）発足を見据えた場合、周辺国との連結性を向上させることで、インドシナ半島の中心に位置するタイの地政学的優位性がより一層発揮できることから、インドシナ半島を貫く南部経済回廊、南北経済回廊、東西経済回廊の開発を積極的に進め、周辺国を活用した地域分業体制の確立と市場としての取り込みを目指している。日本とも、バンコク西部にあるミャンマーのダウェー開発をミャンマー政府と共同で進める計画である。

　日本との関係については、過去600年にわたる交流の歴史があり、伝統的に友好関係を維持している。特に経済関係では、1980年代後半以降、歴史的な円高を背景に、自動車産業や機械産業等において日本企業が多数タイに進出している。タイランド2.0から3.0にかけ、タイをASEAN域内の産業集積地に押し上げ、サプライチェーンの重要拠点ならしめたのは、この時代の日本企業の進出が大きく貢献したといえる。このため、1997年に発生したアジア通貨危機の際に、日本は大規模な資金的・人的協力を実施しており、また、現在も日本はタイにとって外国直接投資額のうち22％を占める最大の投資元として、緊密な関係を維持している。

図表5－4　タイの主な協定加盟状況

二国間協定	タイ－オーストラリアFTA タイ－日本EPA タイ－ニュージーランドEPA
ASEAN加盟国としての協定	ASEAN自由貿易地域（AFTA） ASEAN－中国FTA ASEAN－インドFTA ASEAN－日本CEP ASEAN－韓国FTA ASEAN－オーストラリア・ニュージーランドFTA ASEAN－EU・FTA

（出所）JETRO

第5章　タイの資本市場について　147

■ 第2節

タイ資本市場の概要

Ⅰ 証券取引所

　タイの証券市場は、1975年に設立された国営のタイ証券取引所（The Stock Exchange of Thailand：SET）による取引所市場と店頭市場（OTC）を中心に構成されている。特に、近年のタイ証券市場の発展は目覚ましく、ASEAN の代表的証券市場としての地位を確固たるものとしている。

　タイ証券取引所グループは、タイ証券取引所本体において、現物株、現物債券、ワラント、ETF、REIT の市場機能を提供するほか、子会社のタイ先物取引所（Thailand Futures Exchange Pcl：TFEX）においてデリバティブ市場を運営する。また、同一グループ内で清算決済機能も提供しており、タイ証券保管振替機構（Thailand Securities Depository Co., Ltd.：TSD）及びタイクリアリング機構（Thailand Clearing House Co., Ltd.：TCH）もタイ証券取引所の100％子会社として運営されている。また、同取引所は、投資家層の裾野拡大やそのための証券教育もミッションとしており、個人投資家向けの証券教育プログラムの提供のほか、子会社を通じてインターネット取引普及のための IT ソリューション提供や投資情報ポータルサイトの運営・情報提供などにも取引所自らが取り組んでいるところが特徴である。

　一方、店頭市場については、主に債券市場分野の成長が著しい。特に、1997年のアジア通貨危機とこれに伴う景気悪化による税収の落ち込みを背景に、タイ政府による国債発行が急速に拡大し、格付機関の設立等とも相まってその後のタイ債券市場の拡大が進展してきた。発行残高別にみると、国債、政府機関債、社債の順に市場規模が大きく、債券市場全体では10年前の市場規模と比べて約3倍に急拡大している。

　アジア域内での債券市場育成については、主に、我が国財務省が主導するアジア債券市場イニシアティブが代表的な取り組みとして推進されている

が、その検討の中で策定された ASEAN ＋ 3 債券共通発行フレームワーク（AMBIF）を基に、2015 年 9 月には、みずほ銀行のタイバーツ建て AMBIF 債券がタイ国内で発行され、東京証券取引所のプロ向け債券市場 TOKYO PRO-BOND Market に上場を果たしている。

図表 5 － 5　タイ証券取引所グループ

機関	役割
タイ証券取引所 The Stock Exchange of Thailand (SET)	1975 年に設立された国営取引所。現物株市場として一部市場（SET）、二部市場（mai）を開設。投資家教育・裾野拡大も積極的に推進。2003 年から債券電子取引プラットフォーム（BEX）も開始。
タイ先物取引所 Thailand Futures Exchange Pcl (TFEX)	2004 年にタイ証券取引所の 100％子会社として設立されたデリバティブ取引所。 2015 年に FOW でベスト・テクノロジー・アワード受賞。
タイ証券保管振替機構 Thailand Securities Depository Co., Ltd. (TSD)	タイ証券取引所 100％子会社の証券保管振替機関。株式・債券の保管・振替、証券登録等の業務を行う。
タイクリアリング機構 Thailand Clearing House Co., Ltd. (TCH)	タイ証券取引所 100％子会社の中央清算機関。証券・デリバティブ取引の証拠金管理等、清算決済業務を行う。本年 3 月 2 日に決済日程を T ＋ 3 から T ＋ 2 移行。
Settrade.com Co., Ltd	2000 年にタイ証券取引所が設立した 100％子会社。インターネット取引向け各種ツール提供を中心に、投資情報ポータルサイトの運営を行う。
Live Fin Corp Co., Ltd	タイ証券取引所の 100％子会社。スタートアップ企業や中小企業に対するファンディングポータルを提供。

（出所）SET website

図表5－6　タイの債券発行残高　　　　　　　　　　（単位：THB million）

	2016年	2017年	比較
国債	4,024,927	4,298,872	＋6.81％
T-Bill	55,732	133,232	＋139.06％
国営企業債	765,420	869,549	＋13.60％
政府機関債	3,136,029	3,041,769	－3.01％
社債	332,024	2,743,095	＋2.68％
CP	332,024	380,659	＋14.65％
外国債券	79,845	94,177	＋17.95％
合計	11,065,594	11,561,352	＋4.48％

（出所）Thai Bond Market Association

Ⅱ　市場動向

　タイの証券市場は、近年の良好な経済環境を背景に目覚ましい発展を遂げてきた。証券取引所の上場会社時価総額をベースに比較した場合でも、タイはシンガポールに次いで ASEAN 域内ではナンバー2の規模を誇る証券市場となっている。また、証券市場のパフォーマンスも、現物株市場の売買代金及び上場会社時価総額ともに、若干鈍化する場面もみられるもののこの数年間総じて拡大傾向にあり、その結果、2010年に62万口座であった証券口座数が2017年には150万口座へと拡大を見せ、2018年には既に200万口座に迫る状況となっている。これら口座開設の多くは個人投資家によるものであり、また、タイ証券取引所の一日平均売買代金の約半分が個人投資家によるものであることからも、タイ証券市場において個人投資家の存在感が非常に大きいことが特徴として挙げられる。市場全体の委託取引のうちインターネット取引の占める割合は約30％に上り、既に日本とほぼ変わらない程度にまでインターネット取引が普及していることも個人投資家拡大に大きく貢献しているものと考えられる。

　主に取引されている商品は、現物株、ワラント、株価指数先物（SET50先物）、個別株先物が挙げられる。日本でも普及してきた ETF、REIT につい

ては、まだタイでは制度開始から年数があまり経っていないこともあり、対
現物株の売買代金比較で0.03％程度の規模にとどまっている。

　一方で、個人投資家の公募投資信託への投資意欲は非常に強い。裕福な中
所得者層が社会保障の補完として資金を振り向ける向きが近年顕著になって
おり、タイ証券取引委員会（Securities and Exchange Commission of Thailand）
の統計によると、2000年には家計金融資産の１割に満たなかった投資信託へ
の投資金額が、2016年には２割を超え総額で約12兆円にも上る状況になって
いる。タイでは、この数年で日本株を対象とする公募投信の設定が相次いで
いるが、国内のカネ余りの状況から投資家の外国投資ニーズが次第に強くな
ってきたことに加え、日系企業がタイに数多く進出しているためにタイ人に
とって日本株投資が比較的親しみやすいことも寄与しているものと思われ
る。なお、タイの市場仲介業者としては、ブローカー、資産運用会社（アセ

図表５－７　主な ASEAN 域内取引所の上場会社時価総額
　　　　　（2017年）

取引所	上場会社時価総額 単位：USD million
タイ証券取引所（SET）	548,795
シンガポール取引所（SGX）	787,279
ブルサマレーシア（BM）	452,816
インドネシア証券取引所（IDX）	520,685
ホーチミン証券取引所（HoSE）	115,464
フィリピン証券取引所（PSE）	290,401

（出所）World Exchange Federation

図表５－８　証券口座数（タイ証券取引所：SET 及び mai 合計）

	2010年	2011年	2012年	2013年	2014年	2015年	2016年	2017年
証券口 座数	626,441	700,225	797,326	974,851	1,098,731	1,244,907	1,353,225	1,510,053

（出所）SET Annual Report

第５章　タイの資本市場について　151

図表5－9　タイ証券取引所の市場別売買代金　　　　　（単位：THB million）

	2010年	2011年	2012年	2013年	2014年	2015年	2016年	2017年
SET	6,937,890	7,040,458	7,615,638	11,777,210	10,193,179	9,997,372	12,259,772	11,652,312
mai	96,058	151,023	298,929	553,459	946,112	768,098	556,487	575,437
合計	7,033,947	7,191,481	7,914,567	12,330,669	11,139,291	10,765,470	12,816,259	12,227,749

（出所）SET Annual Report

図表5－10　現物株の投資部門別売買代金（2017年）　　　（単位：THB million）

	一日平均売買代金	割合
証券会社自己	5,238	10.45％
国内機関投資家	5,517	11.01％
外国人投資家	15,151	30.23％
国内個人投資家	24,208	48.31％

（出所）SET Annual Report

図表5－11　タイ証券取引所の上場銘柄数及び上場会社時価総額

	2017年
上場会社数	538
上場会社時価総額（THB million）	50,115
商品別上場銘柄数	
株式	609
ワラント	101
デリバティブ	1,324
ETF 等	18
債券	330

（出所）SET Annual Report

ット・マネジメント）ともに銀行系事業者が上位を占めている。特に、資産運用会社においては、上位3〜4社の銀行系資産運用会社の総資産が市場全体の過半数を占めており、現在も銀行系事業者の影響力が強い。

図表5－12　タイの主要ブローカー

主要ブローカー（企業名）
Maybank KimEng Securities
Kasikorn Securities
Finansia Syrus Securities
Credit Suisse Securities
Country Group Securities
Thanachart Securities
Phatra Securities
CIMB Securities
Bualuang Securities
Asia Plus Securities
KGI Securities
KT Zmco Securities

図表5－13　タイの主要資産運用会社

主要資産運用会社（企業名）
Kasikorn AM
SCB AM
Krung Thai AM
BBL AM
MFC AM
TMB AM
Krungsri AM
Thai Wealth AM (UOB AM)
Thanachart Fund Management
One AM

Ⅲ　税制・資本規制

　タイでは、個人投資家による上場株式や投資信託等への投資を通じた産業分野への資金供給を後押しするため、証券投資から得られるキャピタルゲインを課税対象外とするなど、個人投資家の証券市場への参入を後押しする施策が講じられている。

図表5－14　タイにおける個人の投資貯蓄に係る所得税制

預金	政府債	社債	株式	投資信託等
・預金利息：15％源泉課税	・金利：15％源泉課税 ・キャピタルゲイン：15％源泉課税 ・割引債：15％源泉課税（初回投資時）	・金利：15％源泉課税 ・キャピタルゲイン：15％源泉課税 ・割引債：15％源泉課税（初回投資時）	・(上場株式の)キャピタルゲイン：課税対象外 ・配当：10％源泉課税	・売却によるキャピタルゲイン：課税対象外 ・配当：10％源泉課税

（出所）JETRO

第5章　タイの資本市場について　153

外資による事業参入や企業への出資等については、商務省（Ministry of Commerce）が所管する外国人事業法で卸・小売業やサービス業等、参入を禁止又は規制する業種が定められ厳格な参入障壁が設けられている一方で、タイ投資委員会（Board of Investment：BOI）が所管する投資奨励法により、政策意義にかなった業種や業務に対して税務恩典及び非税務恩典が与えられるなど、明確な資本誘導とそれを通じた産業育成が進められている。

図表 5 −15　外資に関する規制
外国人事業法に基づき、規制業種を 3 種類43業種に分け、それらの業種への外国企業（外国資本50％以上）の参入を禁止。

外国企業の参入が禁止されている業種（ 9 業種） 　　　　例）新聞発行・ラジオ・テレビ放送事業、農業・果樹園、畜産、林業、 　　　　　　骨董品（売買・競売）、仏像及び僧鉢の製造・鋳造、土地取引
国家安全保障又は文化、伝統、地場工芸、天然資源・環境に影響を及ぼす業種として外国企業の参入が禁止されている業種（13業種） 　安全保障関連ビジネス 　　　　例）武器・兵器及びその部品の製造・販売・補修、国内陸上・海上・航 　　　　　　空運輸及び国内航空事業 　文化・工芸に影響を与えるビジネス 　　　　例）骨董品・民芸品販売、養蚕・絹糸・絹織布、タイ楽器製造、金銀製品 　環境・天然資源に影響を与えるビジネス 　　　　例）サトウキビ製糖、塩田・塩土での製塩、家具及び調度品の木材加工
外国人に対して競争力が不十分な業種であるとして外国企業の参入が禁止されている業種（21業種） 　　　　例）精米・製粉、漁業、植林、会計サービス、法律サービス、建築設計 　　　　　　サービス、代理・仲介業、広告業、ホテル業、観光業、その他

（出所）JETRO

図表 5 － 16　BOI 投資優遇制度（業種）

恩典区分	奨励対象業種	税務恩典			非税務恩典
		法人税	機械輸入税	輸出用原材料の輸入税	
A 1	国の長期的な競争力向上の観点から重要とされるナレッジベースの業種	8 年免除上限額なし	免除	免除	外資100 ％進出、外資企業の土地所有、ビザ・労働許可証の優遇
A 2	・高度な技術を使用し、極めて複雑な製造工程を伴う資本集約型の業種 ・国の発展に重要なインフラ、基幹産業、環境保護に資する産業	8 年免除上限額あり			
A 3	すでにタイに存在しているが、国の発展に引き続き重要なハイテク産業	5 年免除上限額あり			
A 4	産業サプライチェーンを強化し、グローバルな生産拠点としてのタイの競争力を高める業種（ただし、A 1 ～3 ほどの高度さはないもの）	3 年免除上限額あり			
B 1	高度な技術は用いないが、サプライチェーンの中で重要な業種	×			
B 2	B 1 よりも重要性が低い業種	×			

（注）このほか、競争力向上に資する投資、および産業地区開発及び地方分散に資する投資に該当する投資奨励対象事業に対しては追加恩典が付与される。（R&D、技術・人材開発基金への寄付、高度な技術トレーニング、低所得・投資僅少な地方土地に立地するプロジェクト、工業団地又は奨励された工業区に立地するプロジェクト等）

（出所）A Guide to the Board of Investment 2017

図表 5 −17　BOI 投資優遇制度（業務：国際地域統括本部（IHQ））

項目		詳細
概要		・タイ法制下で設立された企業で、関連会社にマネジメント、技術、支援サービス、財務管理サービスを提供し、オフショア貿易活動を実施する
対象となる業務の範囲		・タイ国内外の関連会社又は支店に対して以下の業務を提供 例）事業統括、部品・完成品等の販売、研究開発、技術協力、市場調査・販売促進、財務管理等
BOI による主な恩典（非税務恩典）	条件	・1,000万バーツ以上の登録資本 ・タイ国外の少なくとも 1 か国に関連会社又は支店を保有
	内容	（恩典区分 B 1 に相当） ・研究開発及びトレーニングに使用する機械の輸入税を免除
税務当局による主な恩典（税務恩典）	条件	IHQ に関わる運営費等が年間1,500万バーツ以上
	内容	・オフショア貿易及び関連サービス収入について法人税免除 ・IHQ で働く外国人駐在員の個人所得税を15％に減税 ・法人税免除の対象となる収入からの海外企業への配当金について源泉税を免除

（出所）BOI International Headquarters

図表 5 −18　BOI 投資優遇制度（業務：国際貿易センター（ITC））

項目		詳細
概要		・海外法制下で設立された法人に対し、商品、原材料、部品を購入・販売、並びに貿易に関連するサービスの提供を目的とするタイの法律で設立された企業
対象となる業務の範囲		・タイ国外の法人に対して以下の業務を提供 例）商品調達、出荷待ち商品の保管管理、商品包装・梱包、商品運送等
BOI による主な恩典 （非税務恩典）	条件	・1,000万バーツ以上の登録資本
	内容	（恩典区分 B1 に相当） ・機械輸入税を免除
税務当局による主な恩典 （税務恩典）	条件	ITC に関わる運営費が年間1,500万バーツ以上
	内容	・オフショア貿易及び関連サービス収入について法人税免除 ・ITC で働く外国人駐在員の個人所得税を15％に減税

（出所）BOI International Trading Centers

第3節
ASEAN 地域におけるタイの位置付け

　今後のタイの経済・金融分野の方向性を考える際、ASEAN 地域におけるタイの地政学的強みがより一層重要性を増すものと思われる。地理的にインドシナ半島の中心に位置していることで、今後もタイが ASEAN 地域におけるヒト、モノ、カネの物理的な流通経路の中心的位置にいることは間違いない上、中国という巨大な消費市場のすぐ隣で、周辺国の安い労働力と域内経済統合による税制面での恩恵を最大限享受しながらビジネス展開できる場所は、タイをおいて他にないであろう。さらに、タイランド4.0で目指す高付加価値の商品・サービスの開発及び提供を実現するために、経済回廊や経済特区等のインフラ開発を積極的に進めていることも、こうした地理的な強

第5章　タイの資本市場について　157

みをさらに強調することに繋がる。タイは、近年の教育分野への注力が奏功
し、アジア域内では、日本、シンガポールと同程度の95％程度もの識字率を
誇り、さらに英語教育にも積極的であることから、英語に堪能な若い労働力
を多く抱えている。タイランド4.0で想定される高付加価値の商品・サービ
スを産み出す企業のリソースとなり得る人材が既にそこにあり、さらにタイ
政府による積極的な外資誘致戦略が進められていることを踏まえれば、遠か
らずタイを起点にアジアのイノベーションが始まるであろうし、また、それ
がタイの競争力をより一層高めることは想像に難くない。

　また、こうした流れと時期を同じくして、中国政府の一帯一路戦略による
ASEAN 域内でのインフラ開発推進がタイ政府の目指す方向性と一致してい
ることも、タイにとって大きな追い風である。実際、近年の中国によるタイ
への直接投資額は拡大傾向にあり、中国企業によるタイ企業との戦略的提携
も進んでいることから、結果的に中国がサポーターとなり資金・時間の両面
からタイの経済発展を相当程度強力に後押しすることになるものと思われ
る。中国政府による一帯一路戦略や AIIB によるインフラ開発は既に世界中
で進展しており、ASEAN 域内でも待ったなしの状況であることから、タイ
政府の描いた長期戦略が単純に「絵に描いた餅」で終わるという懸念は、中
国の後押しにより解消されると考えられる。

　金融分野においては、経済面での好調が今後も当面続く見込みであること
から、引き続き証券市場の拡大が順調に続くものと思われる。タイを中心と
したヒト・モノ・カネの ASEAN 域内での流動化を背景に実質的な経済統
合が進み、結果として金融分野についても相当程度の統合が進むこととな
る。いわば、実質的な ASEAN 統合はタイから始まると言っても過言では
ないであろう。実際、タイは特に GMS 地域（メコン川流域地域）を中心
に、金融教育、中小企業・ベンチャー企業育成等を積極的に進めており、周
辺国もその役割をタイに任せている側面もあることから、既にタイを中心に
周辺国を含めたマーケットが形成されつつある。現下、タイ政府はシンガポ
ールを相当程度意識した各種税制や恩典を用意し、税制面ではシンガポール
と比肩し得る状況となっていることから、タイを中心とした産業高度化が目
論見どおり進み、また順調に各種制度面の国際化や資本規制の緩和が進んだ

158

暁には、ASEAN 域内の金融ハブの拠点がタイに移る可能性も十分にあるものと思われる。タイは、多くの日本企業が進出するサプライチェーンの重要拠点であり、さらに金融分野でも重要性が増すことが見込まれることから、日本にとって今後ますます目が離せない状況が続くものと思われる。

第 **6** 章

インドネシア経済と
資本市場の最新情勢

■ 第1節 ■

好景気が安定的に続くインドネシア

　世界的な Secular Stagnation（長期停滞論）が言われるようになって久しい中、アジア経済は好調が続いている。今年はリーマンショックから節目の10年となるが、2008年第4四半期以降の世界主要国（G20、但しデータの制約上サウジアラビアは除いて比較している）の経済成長率を見ると全体では2.5％程度の実質成長率であった中、中国やインド、インドネシア等の新興アジア国は中国が平均8.1％、インドが同6.9％、インドネシアが同5.5％といずれも高い成長率となっている。また、同期間全体の平均成長率を上回った国は中国、インド、インドネシア、トルコ、韓国、オーストラリアと殆どがアジア地域であり、リーマンショック以降の世界経済はアジアが牽引したと言っても過言ではない。

図表6−1　インドネシアの概要

正式名称	インドネシア共和国
政体	大統領制、共和制
元首	ジョコ・ウィドド大統領
主要産業	製造業（輸送機器、食品）、農林水産業（パーム油、ゴム）
GDP	10,156億ドル
人口	2.6億人
国土面積	189万 km²
首都	ジャカルタ（人口1,017万人）
通貨	インドネシア・ルピア（IDR）
民族	マレー系
公用語	インドネシア語
宗教	イスラム教（88％）、キリスト教（9％）、ヒンズー教（2％）、仏教（1％）

（出所）外務省、インドネシア政府統計、Bloomberg、国連

図表６－２　G20実質成長率比較

期	中国	インド	インドネシア	トルコ	韓国	オーストラリア	メキシコ	カナダ	南アフリカ	アメリカ	アルゼンチン	ブラジル	イギリス	ドイツ	フランス	日本	ロシア	イタリア	全体
2008年12月	7.1		7.0	-5.9	-1.6	1.6	-0.5	-1.4	1.1	-2.8	-2.0	1.0	-4.1	-1.8	-1.9	-3.7	-1.3	-3.5	-0.8
2009年3月	6.4		4.9	-14.4	-1.9	1.5	-5.6	-3.5	-1.1	-3.5	-6.2	-2.4	-5.9	-6.9	-3.8	-8.8	-9.2	-7.2	-4.0
2009年6月	8.2		4.2	-6.7	-1.1	1.9	-8.9	-4.2	-2.6	-4.1	-11.3	-2.2	-5.5	-6.6	-3.6	-6.4	-11.2	-7.0	-4.0
2009年9月	10.6		4.1	-1.5	0.9	1.4	-5.0	-3.7	-1.9	-3.3	-5.7	-1.2	-3.8	-5.7	-3.1	-5.1	-8.6	-5.2	-2.2
2009年12月	11.9		5.6	3.1	4.8	2.6	-1.6	-0.3	-0.5	-0.2	0.3	5.3	-1.4	-3.0	-1.0	-1.4	-2.6	-2.6	1.1
2010年3月	12.2		6.1	7.0	7.3	2.1	4.5	3.2	2.3	1.6	5.7	9.2	0.7	2.3	1.1	4.6	4.1	0.6	4.4
2010年6月	10.8		6.8	8.1	7.4	2.2	7.0	4.1	3.1	2.7	16.2	8.5	1.9	4.4	1.9	3.6	5.0	1.9	5.6
2010年9月	9.9		6.2	8.7	5.4	2.5	4.8	3.7	3.3	3.1	9.5	6.9	2.2	4.6	2.3	5.7	3.8	1.9	5.0
2010年12月	9.9		6.5	9.7	6.0	2.8	4.5	4.4	3.4	2.7	8.6	5.7	2.0	4.4	2.3	2.9	5.1	2.2	4.9
2011年3月	10.2		6.5	11.7	4.9	2.1	3.7	3.1	3.5	1.9	8.3	5.2	2.0	5.5	2.9	0.7	3.3	2.0	4.6
2011年6月	10.0		6.3	11.5	3.6	2.5	2.8	2.8	3.4	1.7	4.4	4.7	1.3	3.6	2.3	-0.9	3.3	1.6	3.8
2011年9月	9.4		6.0	11.6	3.3	3.2	4.1	3.9	3.0	1.2	6.4	3.5	1.2	3.2	1.9	-0.4	5.0	0.4	3.9
2011年12月	8.8		5.9	9.9	3.0	3.3	4.1	2.9	3.2	1.7	5.2	2.6	1.3	2.4	1.4	0.0	5.2	-1.1	3.5
2012年3月	8.1		6.1	6.8	2.5	4.6	4.8	2.4	2.2	2.8	1.6	1.7	1.4	0.9	0.4	3.1	5.4	-2.3	3.1
2012年6月	7.6	4.9	6.2	5.0	2.4	4.5	4.0	2.5	2.7	2.5	-4.6	1.0	1.1	0.8	0.3	2.9	4.4	-3.2	2.5
2012年9月	7.5	7.5	5.9	3.6	2.1	3.5	2.8	1.0	2.1	2.4	-1.1	2.5	1.9	0.6	0.2	-0.1	3.3	-3.1	2.4
2012年12月	8.1	5.4	5.9	4.2	2.2	3.0	3.1	0.7	1.9	1.9	0.6	2.5	1.5	0.1	0.0	0.2	1.9	-2.8	2.2
2013年3月	7.9	4.3	5.5	8.5	2.1	2.3	0.6	2.0	2.2	1.3	0.7	2.7	1.5	-0.5	0.0	0.5	1.3	-2.9	2.2
2013年6月	7.6	6.4	5.6	9.8	2.7	1.8	2.1	1.8	2.5	1.0	6.2	4.0	2.2	0.3	0.7	1.8	1.7	-2.0	3.1
2013年9月	7.9	7.3	5.5	8.9	3.2	2.2	1.5	3.2	2.1	1.7	2.6	2.8	1.9	0.5	0.6	2.9	1.6	-1.2	3.1
2013年12月	7.7	6.5	5.6	6.9	3.5	2.4	1.2	3.3	3.1	2.7	-0.1	2.5	2.6	1.3	1.1	2.7	2.5	-0.8	3.0
2014年3月	7.4	5.3	5.1	8.7	3.8	1.9	2.7	2.8	2.1	1.7	-0.9	3.5	2.8	2.4	1.2	3.0	0.5	0.3	3.1
2014年6月	7.5	7.9	4.9	2.9	3.6	2.3	3.9	1.7	2.7	2.7	-2.0	-0.5	3.1	1.4	0.7	-0.1	1.3	0.2	2.5
2014年9月	7.1	8.8	4.9	3.7	3.4	2.6	2.9	2.6	1.9	3.2	-4.2	-0.6	3.0	1.1	1.3	-1.0	0.9	0.0	2.3
2014年12月	7.2	6.1	5.1	5.9	2.7	2.2	3.5	2.8	1.8	2.7	-2.8	-0.2	3.3	1.6	0.8	-0.4	0.3	0.3	2.4
2015年3月	7.0	7.3	4.8	3.6	2.6	2.5	3.5	1.6	2.5	3.8	0.3	-1.6	2.7	1.2	1.2	0.2	-1.9	0.3	2.3
2015年6月	7.0	7.6	4.7	7.2	2.4	2.1	3.0	0.5	1.2	3.3	4.0	-2.7	2.5	1.8	0.9	2.1	-3.4	0.9	2.5
2015年9月	6.9	8.0	4.8	5.8	3.0	2.6	4.0	0.5	0.9	2.4	4.0	-4.3	2.1	1.7	0.8	2.1	-2.7	0.9	2.4
2015年12月	6.8	7.2	5.2	7.5	2.7	2.7	2.7	0.4	0.5	2.0	2.5	-5.6	2.1	1.3	1.0	1.1	-3.2	1.0	2.1
2016年3月	6.7	9.1	4.9	4.8	2.9	2.7	3.0	1.1	-0.3	1.4	1.0	-5.3	1.9	1.9	1.2	0.6	-0.4	1.1	2.1
2016年6月	6.7	8.1	5.2	4.9	3.4	3.3	3.3	0.9	0.6	1.2	-3.6	-3.4	1.8	1.9	1.2	1.0	-0.5	0.8	2.0
2016年9月	6.7	7.6	5.0	-0.8	2.7	2.1	2.1	1.9	0.9	1.5	-3.3	-2.7	2.0	1.8	0.9	0.9	-0.4	0.9	1.7
2016年12月	6.8	6.8	4.9	4.2	2.6	2.5	3.3	2.1	1.0	1.8	-1.1	-2.5	2.0	1.8	1.2	1.5	0.3	1.1	2.2
2017年3月	6.9	6.1	5.0	5.4	3.0	1.9	3.3	2.9	1.1	2.0	0.6	-0.0	2.1	2.1	1.2	1.4	0.5	1.3	2.6
2017年6月	6.9	5.7	5.0	5.4	2.9	2.0	1.8	4.2	1.4	2.2	3.0	0.4	1.9	2.3	1.9	1.5	2.5	1.6	2.9
2017年9月	6.8	6.5	5.1	11.3	3.8	2.9	1.6	3.3	1.3	2.3	3.8	1.4	1.8	2.7	2.3	1.9	1.8	1.7	3.5
2017年12月	6.8	7.2	5.1	7.3	2.8	2.4	1.5	3.4	1.5	2.6	3.9	2.1	1.4	2.9	2.5	2.0		1.6	3.4
平均	8.1	6.9	5.5	5.3	3.0	2.5	2.1	1.8	1.6	1.5	1.4	1.2	1.1	1.1	0.7	0.6	0.5	-0.5	2.5
標準偏差	1.6	1.2	0.7	5.4	1.9	0.7	3.0	2.2	1.5	1.9	5.1	3.6	2.3	2.8	1.6	2.9	4.0	2.5	2.1
平均/標準偏差	5.2	5.6	7.9	1.0	1.6	3.7	0.7	0.8	1.1	0.8	0.3	0.3	0.5	0.4	0.5	0.2	0.1	-0.2	1.2

（出所）Bloomberg

　アジア地域が高成長を実現したことはよく知られるところだが、中でもインドネシアは高成長だけでなく安定成長でもあることは意外と知られていない。図表６－２はG20（除くサウジアラビア）の2008年12月以降の四半期実質成長率のデータだが、これに基づき平均実質成長率÷期間中成長率の標準偏差を比較するとインドネシアは全体でトップになる。インドネシアは人口2.6億人で世界４位の人口大国であるが、人口動態の側面からみると平均

図表6-3　インドネシアの名目GDPと一人当たりGDP

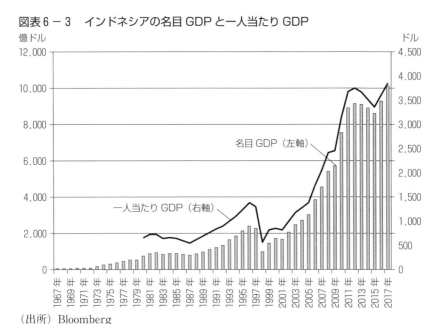

（出所）Bloomberg

年齢が20代と若く、また中間所得層の拡大も顕著だ。ASEAN発足当初の1967年から長らく一人当たりGDPが1,000ドルに満たない後進国としてのステータスから脱せられない状況が続いていたが、アジア危機を乗り越えた2000年以降はその伸びが目覚ましく、2017年には一人当たりGDPで3,859ドルと4,000ドルに迫る所まで来ている。今後は同国のスリ・ムルヤニ財務相も指摘する通り、「中所得国の罠に陥らないよう、汚職や癒着など旧態依然の体制を早急に改革」できるかがポイントとなろう。

第2節

内需主導型の経済構造と供給サイドのボトルネック

インドネシア経済は個人消費が堅調な内需主導型である。長らく個人消費

図表 6 − 4　2017年名目 GDP コンポーネント

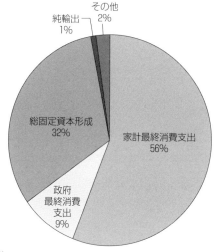

（出所）Bloomberg

の牽引役だったオートバイ（自動二輪）に加え、最近は日用品や通信関連等の消費も伸びている。インドネシア経済が人口増加や賃金の上昇等を追い風に年々拡大している中、生活水準の向上と呼応して消費の中身も多様化しつつある模様だ。

　一方、内需拡大の過程で供給が追いつかないのがインドネシア経済の重要課題の一つである。所謂「供給サイドのボトルネック」と言われるものだが、例えばインドネシアの首都ジャカルタは渋滞がひどいことで世界的に有名であり、筆者も出張時に片道 5 km 程度の移動に 2 時間近くかかってしまいミーティングを予定通りこなせなかった経験をしている。交通需要に交通インフラが追いついていないが故に乗用車より自動二輪が多く普及している訳だが、その自動二輪の伸び率も最近は鈍化しており、小ぶりな交通手段でさえもこれ以上の普及は難しいというくらいに交通インフラの整備が全く追いついていないのが現実だろう。逆に言うと、インフラの抜本的なアップグレードが実現されれば需要の伸び代はまだ相応に見込めるということでもあり、この辺りが民間出身で国民の人気も高いジョコ・ウィドド大統領の政策実行力が期待されている所以でもある。

図表6－5　2017年名目 GDP の内訳

単位：IDR Bln

家計最終消費支出	7,626,986
食品・飲料（除レストラン）	2,980,446
運輸・通信	1,759,058
住宅・公益事業関連	979,455
レストラン・ホテル	756,929
ヘルスケア・教育サービス	515,370
衣料品・関連サービス	272,918
その他歳出	362,810
政府最終消費支出	1,236,869
政府集合消費支出	763,293
政府個別消費	473,576
総固定資本形成	4,370,556
建物・構築物	3,283,436
機械・機器	405,906
運輸	233,929
その他設備	77,501
育成生物資源	254,684
知的財産生産物	115,100
財貨・サービス輸出	2,768,149
非石油製品輸出	2,193,877
石油・ガス輸出	209,611
サービス輸出	364,661
財貨・サービス輸入	2,604,350
非石油製品輸入	1,820,795
石油・ガス輸入	333,539
サービス輸入	450,016
その他（統計誤差ほか）	190,588
合計	13,588,797

（出所）Bloomberg

なお、インドネシアでは現在「３大交通プロジェクト」と呼ばれるものが
存在する。１つ目が日本と中国が入札を競い合ったことで話題となった「ジ
ャカルタ－バンドン間高速鉄道」、２つ目がインドネシア初の地下鉄プロジ
ェクトとなる「ジャカルタMRT（Mass Rapid Transit）」、３つ目が首都ジ
ャカルタと郊外地域をつなぐ「ジャカルタLRT（Light Rail Transit）」だ。
いずれも国家レベルで重要なプロジェクトと位置付けられており、インドネ
シア市場に投資する外国人投資家の注目も高いが、進捗状況にはかなりバラ
ツキがある。例えばジャカルタ－バンドン間の高速鉄道事業は、日本と中国
が激しい受注合戦を展開したが、中国側がインドネシア政府に財政上の負担
を求めないことを約束して2015年に受注した。2016年１月にはジョコ大統領
も出席して大々的に起工式が行われたが、土地収用の進展の大幅な遅れやそ
れを理由に中国側が資金を拠出しない等といった事態となり、本格的な建設
活動は未だに開始していない。当初計画では2019年５月の開業とされていた
が、計画通りの開業が絶望的となったことを受け、運輸省のズルフィクリ鉄
道総局長は「開業は2024年頃までずれ込む」との見通しを示している。
　計画の遅れという意味ではLRT事業も曰く付きだ。元々はモノレール事
業として2004年に着工されたプロジェクトだが、資金不足等で2007年に中
断、2013年には中国資本の協力を得て再開されたもののその後再度キャンセ
ル。これに代わる計画として、ジャカルタ特別州政府が韓国鉄道施設公団と
協業する形でLRTが始まった。当初は2018年８月のアジア大会前までの完
成を目指していたが、工事の遅れによりユスフ・カラ副大統領が「LRT完
成を待つことは不可能だ。選手団・大会関係者送迎用の特別車線を用意しな
ければならない」との見方を示す事態となっている。とはいえ、先述の高速
鉄道事業と異なり多少の遅れはあるものの完成の目処は立っており、LRT
開発に伴う発展が期待される地域では日系不動産企業による大型分譲マンシ
ョン開発が行われる等、既に相応の経済効果をもたらしている。
　上記３事業の中で最も進捗が順調と言えるのがMRT事業だ。同事業には
日本の円借款が供与され、清水建設などが工事を受注。現在は第１期（ジャ
カルタ中心部と南部の15.7キロを結ぶ「南北線」）の建設中で、一部区間は
インドネシアで初導入の地下鉄が走ることになる。導入車両も日本車輌製造

第６章　インドネシア経済と資本市場の最新情勢　**167**

図表6－6　自動二輪と自動車の販売台数比較

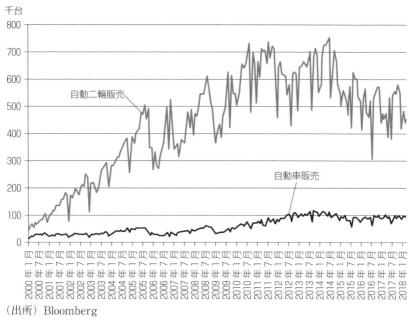

（出所）Bloomberg

図表6－7　ジャカルタの渋滞

（出所）The Jakarta Post

と住友商事が受注し、本年4月には車両の一部が北ジャカルタの港に到着、8月から段階的に試運転を行うなど、来年3月の開業に向けて順調な進捗と言える。ジャカルタのサンディアガ副知事は「第1期工事の進展状況や過去のインフラ建設実績を考え、第2期工事(北ジャカルタまでの延伸)も日本に発注する方針を固めた」と公言したほか、ジャカルタ市内の東西を結ぶ第3期工事も日本に発注することを示唆しており、他の2事業に比べてMRTについては見通しが明るい。

図表6-8　ジャカルタMRT計画

(出所) JakartaMRT

図表6-9　日本から導入されるMRT車両

(出所) JakartaMRT

図表6-10　工事区間の風景

(出所) JakartaMRT

■ **第3節**

インフレ体質と高金利→金融収支が経常赤字をファイナンス

　内需拡大のペースに供給サイドが追いつかない「供給サイドのボトルネック」はインドネシアの高インフレ体質にも繋がっている。アジア危機のハイパーインフレ局面とその反動によるデフレ局面を除くと、2001年から2013年頃までは概ねCPIで前年比5％-15％程度と高水準の推移が続いていた。2014年以降は同3％-5％程度と比較的安定しているが、それでも世界的に先進諸国がデフレ化している中で相対的には高インフレといえよう。そのため金利水準も世界に比して高く、先進国が過剰流動性と低金利に喘ぐ中でインドネシアの債券市場には多額の外国資本が流入している。これは国際収支の側面で見ると、インドネシアの経常赤字を安定的に金融収支がファイナン

図表6-11　CPI（消費者物価指数前年比）の推移

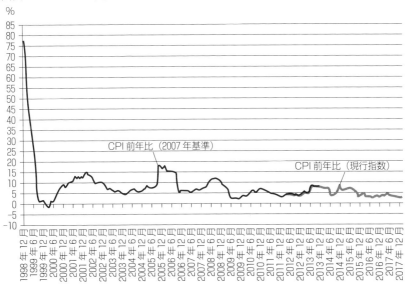

図表 6 − 12　2008年以降の長期金利の推移

（出所）Bloomberg

図表 6 − 13　インドネシア債券市場の海外投資家保有比率（データ欠損期は線形接続）

（出所）Bloomberg

スすることにも繋がっている。

　なお、海外投資家の国債保有率はデータが存在する2002年以降で見ると当初は極めて小さかったが、現在では4割程度にまで伸びている。またアジア開発銀行が公表しているインドネシア国債の投資家属性データによると、2003年末時点では8割以上が国内銀行により保有されていたが、2017年12月末時点では外国人投資家が最大保有となっており、国内銀行の保有割合は2割程度まで低下している。他の市場参加者では保険会社や投資信託、年金等の機関投資家も相応の存在感を示しているが、これらの保有割合は比較的安定しているため、近年の大きな変化としては国内銀行中心の市場だったものが海外投資家向けに開放されてきたことと言えよう。インドネシア債券市場はその経済成長と呼応する様に規模を大きくし対外開放も進んだ訳だが、これらはアジア危機の教訓としてASEAN+3（日中韓）で取り組まれた、アジア現地通貨建て債券市場の育成（ABMI：アジア債券市場育成イニシアティブ）によるところも大きい。

図表6-14　インドネシア国債投資家属性の変化

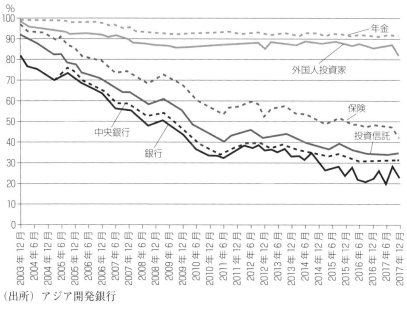

（出所）アジア開発銀行

図表6−15 インドネシア現地通貨建て債券残高の推移

(出所)アジア開発銀行

第4節
インドネシアの貿易構造とパーム油

　インドネシアは元来資源国であるが、付加価値ベースで見ると輸入国だ。輸出は一次産品の鉱物燃料(原油・天然ガス)やパーム油等が多い一方、輸入は相対的に高付加価値の石油精製品等が多い。この構図は機械・輸送機器等についても同様で、総じて生産・輸出よりも最終消費地として内需が牽引している経済と言える。そのため経常収支は構造的な赤字体質となっている。

　2017年の政府統計によると、輸出品目は燃料・潤滑油が22%、原料別製品が13%、動物性・植物性油脂、脂肪が13%、機械・輸送機器が13%。一方の輸入は機械・輸送機器(32%)、燃料・潤滑油(16%)、石油・ガス(16%)、化学(15%)等となっている。輸出においては特にパーム油が有名で、インドネシアの生産量3,600万トンは世界生産量の5割強を占め、年間輸出量の

図表 6 −16　輸出品目（2017年）

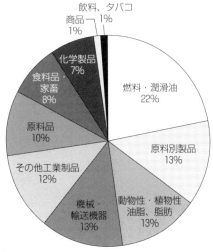

（出所）Bloomberg

図表 6 −17　輸入品目（2017年）

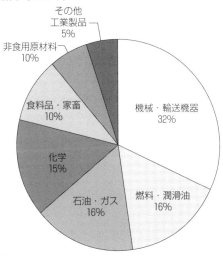

（出所）Bloomberg

図表6－18　世界のパーム油生産量

単位：千トン

	2010/2011	2011/2012	2012/2013	2013/2014	2014/2015	2015/2016	2016/2017（推計）
世界生産	49,515	52,560	56,490	60,198	62,299	58,224	65,000
インドネシア	23,950	26,190	28,330	31,010	33,240	31,160	36,000
マレーシア	18,210	18,206	19,324	20,161	19,879	17,683	21,000
タイ	1,491	1,866	2,212	2,219	1,972	1,820	2,200

（出所）日本植物油協会

2,700万トン、輸出額の186億ドルもともに世界一となっている（2016年実績）。パーム油は油ヤシの実を原料とする植物油で、シャンプーやインスタントラーメン、チョコレート、歯磨き粉、アイスクリーム等多くの食品及び日用品に原料として使用される。インドネシアに次ぐ生産量2位が隣国マレーシアで2,100万トン、3位がタイの220万トンといずれも東南アジアが上位を占めており、特にインドネシアとマレーシアの2か国で世界の生産量の9割近くを占めるに至っている。

　なおパーム油については近年、農園造成で熱帯雨林が切り開かれ、生態系破壊や土地の収奪、児童労働等が横行している点が国際的に問題視されている。例えばオランウータン（マレー語で「森の住人」の意）はスマトラ島（インドネシア）とボルネオ島（インドネシア、マレーシア）の熱帯雨林に生息するが、WWF（世界自然保護基金）によると森林伐採や密猟などで100年前に比べ個体数が80％も減ったと言われており、近絶滅種に指定されている。日本においてもパーム油に関する意識は徐々に高まっており、例えば2020年の東京オリンピックにて選手村の食事等で含まれるパーム油は、可能な限り環境認証を受けた製品を優先する基準を設ける方向で調整が進んでいる。ジョコ・ウィドド大統領も環境への配慮を理由に大規模農園の新規開発を停止しており、これまで通りインドネシアの輸出をパーム油が牽引できるか、先行きは不透明な情勢となっている。

図表6-19 パーム油の価格と原油価格

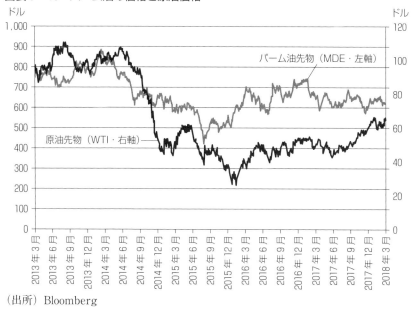

(出所) Bloomberg

■第5節

ジョコ・ウィドド大統領にかかる期待

　先述の通り、ジョコ・ウィドド大統領の就任でジャカルタにはインフラ投資等、供給サイドのボトルネックを解消するような改革が期待されている。特にインドネシアの物流コストは高いことが知られており、業界調査（ALFI）によると2017年の物流コストは対GDP比で23.5％に達するが、ジョコ大統領就任前に比べると改善傾向は続いている。ALFIのハナディ会長は「各地で高速道路や鉄道、港湾、空港などのインフラが整備され、貨物をより迅速で効率的に輸送できるようになったことが大きい」としており、この傾向が続くという前提で2018年にから2019年にかけて更に改善していくことが見込まれている。

　ジョコ政権は政策の柱に50兆円規模の大型インフラ投資を据え、資金確保

第6章　インドネシア経済と資本市場の最新情勢　177

のため燃料補助金の削減やタックス・アムネスティ（租税特赦）の導入など、野心的な改革も断行し景気の底上げを図っている。中期的には景気回復への期待が高まっている状況だが、今後、持続的な成長を維持していくためには、輸出産業の高付加価値化など産業構造の転換も併せて図っていく必要があり、引き続き政権手腕が問われている。

　なお、図表6－20ではBloomberg社が算出している国別の政治リスクスコアを比較している。政治リスクが低い地域ほどスコアは上昇する仕組みとなっており、インドネシアを日米と比較すると絶対値にはまだ大きな差が付いているが、ジョコ大統領就任前後でみるとインドネシアの政治情勢は改善していることが分かる。対照的に、アメリカはオバマ政権末期の2015年以降大きくスコアが下がっているのが興味深いところだ。

図表6－20　政治スコアの改善が続くインドネシア

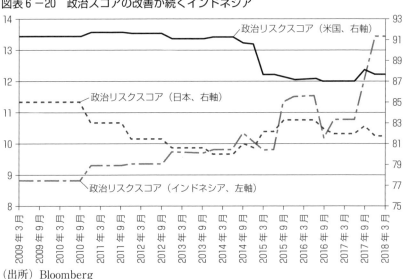

（出所）Bloomberg

■ 第6節 ■

インドネシアの通貨制度と為替市場

インドネシアの通貨制度は変動相場制となっているが、厳密には現物主義であり、原則として為替のみのトレードはできず裏付け証券の取引を伴う必要がある。そのため、機動的な売買環境を必要とする海外勢の多くはオフショアのNDF（Non-Deliverable Forward）市場に参加している。また変動相場制とはいえオンショア市場の過度な変動に対しては中央銀行が適宜介入しており、その結果NDF市場との間で乖離が生じることも多い。

グローバルなリスクオフの局面では顕著で、リーマンショック時はNDF市場のインドネシア・ルピアに付随するImplied Yield（オフショア為替市場の実質的な金利水準）が年率で100%超にもなるほどにオフショアでルピア安が進む場面もあった。また、先述の貿易構造との兼ね合いでいうとグローバルなリスクオフイベントがドル高・コモディティ安をもたらす局面では貿易収支の悪化とルピア安が同時進行しやすく、ブラジルやインド、トルコ、南アフリカと並びFragile-5の一つに数えられている。

とはいえ、長期的にはインドネシア経済が安定的に高成長を続けているようにファンダメンタルズが持続的に悪化する状況にはない。事実、2017年5月にはS&Pがインドネシアの長期債務格付をそれまでのBB+から投資適格のBBB-に格上げし、既に投資適格になっていたムーディーズやフィッチに揃い格付け会社大手3社すべてで投資適格となった。更に2017年12月にはフィッチ、2018年4月にはムーディーズがそれぞれBBB-/Baa3からBBB/Baa2へと格上げしている。グローバルなリスク局面では短期的に振り回されやすい市場であることには変わりないが、持続的な経済成長やジョコ大統領就任に伴う政治の安定化、さらには相対的な高金利も手伝って、インドネシア・ルピアの長期的な通貨パフォーマンスはアジアの他国比、或いは世界の主要通貨との比較においても上位にある。

第6章　インドネシア経済と資本市場の最新情勢　179

図表6-21 オンショアとオフショアの乖離

(出所) Bloomberg

図表6-22 NDF市場に織り込まれる1ヵ月物金利

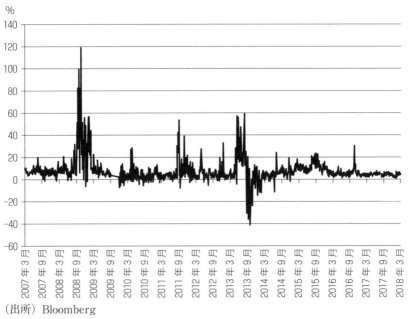

(出所) Bloomberg

図表6－23　通貨別長期パフォーマンス（2018年3月末までの3年と10年で比較）

'15／4 - '18／3 上位通貨	通貨 コード	トータルリターン （円基準、%）	'08／4 - '18／3 上位通貨	通貨 コード	トータルリターン （円基準、%）
ロシアルーブル	RUB	21.3	アルゼンチンペソ	ARS	199.6
ブラジルレアル	BRL	17.5	中国元	CNY	46.2
南アフリカランド	ZAR	11.8	ブラジルレアル	BRL	42.0
チェココルナ	CZK	11.1	インドネシアルピア	IDR	39.4
インドルピー	INR	4.4	インドルピー	INR	37.5
インドネシアルピア	IDR	3.1	南アフリカランド	ZAR	36.2
ポーランドズロチ	PLN	2.9	ニュージーランドドル	NZD	34.5
アルゼンチンペソ	ARS	2.1	ペルーソル	PEN	27.5
中国元	CNY	1.0	オーストラリアドル	AUD	25.7
ユーロ	EUR	0.9	マレーシアリンギ	MYR	19.1
チリペソ	CLP	0.5	台湾ドル	TWD	18.1
デンマーククローネ	DKK	0.5	シンガポールドル	SGD	16.8
ペルーソル	PEN	0.2	韓国ウォン	KRW	14.8
日本円	JPY	−0.4	米ドル	USD	12.9
ハンガリーフォリント	HUF	−1.0	スイスフラン	CHF	11.3
台湾ドル	TWD	−2.5	香港ドル	HKD	9.8
コロンビアペソ	COP	−3.6	ロシアルーブル	RUB	9.2
オーストラリアドル	AUD	−4.3	チリペソ	CLP	8.8
韓国ウォン	KRW	−4.7	コロンビアペソ	COP	6.8
シンガポールドル	SGD	−5.0	日本円	JPY	1.4
マレーシアリンギ	MYR	−5.4	ハンガリーフォリント	HUF	−1.1
ノルウェークローネ	NOK	−6.4	メキシコペソ	MXN	−3.0
ニュージーランドドル	NZD	−6.6	トルコリラ	TRY	−5.2
米ドル	USD	−8.6	ポーランドズロチ	PLN	−5.2
スウェーデンクローナ	SEK	−9.1	カナダドル	CAD	−7.0

香港ドル	HKD	-10.5	チェココルナ	CZK	-11.6
カナダドル	CAD	-10.6	ユーロ	EUR	-11.8
スイスフラン	CHF	-12.1	デンマーククローネ	DKK	-12.0
メキシコペソ	MXN	-13.7	ノルウェークローネ	NOK	-15.1
英ポンド	GBP	-14.8	スウェーデンクローナ	SEK	-17.2
トルコリラ	TRY	-18.7	英ポンド	GBP	-18.0

（出所）Bloomberg

第7節
インドネシアの資本市場

Ⅰ　インドネシアの株式市場

　インドネシアの株式市場は2018年3月末時点で上場銘柄数572銘柄、時価総額で6,889兆ルピア（53兆円相当）の市場である。時価総額上位には通信や銀行、たばこ、小売り等が並んでおり、経済構造を反映して内需系銘柄の存在感が大きいことがわかる。また上場企業の国籍で見ると、いずれもインドネシア法人ではあるものの最終親会社はアメリカ・フィリップモリスグループに属するハンジャヤ・マンダラ・サンプルナやオランダのユニリーバ等、世界的欧米企業の存在感も比較的大きい。

　リーマンショック以降のインドネシア経済の好調を反映し、株式市場のパフォーマンスは特に2013年までは好調に推移していた。インドネシア市場の代表的指数である JCI（Jakarta Composite Index）を用いて比較すると、2008年4月以降のドル換算指数パフォーマンスは2013年前半までアメリカ SP500や日本の TOPIX を大きく上回っていた。一方、2013年5月からの急落は当時のバーナンキ FRB 議長が量的緩和政策からのテーパリングを示唆したバーナンキショックの影響によるものであり、インドネシア市場が如何に先進諸国の金融緩和政策による過剰流動性の恩恵を受けていたかを物語っ

図表 6 −24　株式市場：時価総額上位20銘柄

名称	ウェート (%)	数量	価格	時価総額 (百万ルピア)	GICS 産業名	最終親会社 国籍
バンク・セントラル・アジア	8.3	24,408	23,300	568,717,097	銀行	ID
ハンジャヤ・マンダラ・サンプルナ	6.7	116,318	3,980	462,945,946	タバコ	US
バンク・ラヤット・インドネシア	6.4	122,112	3,600	439,604,467	銀行	ID
ユニリーバ・インドネシア	5.5	7,630	49,525	377,875,750	家庭用品	NL
テレコムニカシ・インドネシア	5.3	100,800	3,600	362,879,987	各種電気通信サービ	ID
バンク・マンディリ	5.1	46,200	7,675	354,585,000	銀行	ID
アストラ・インターナショナル	4.3	40,484	7,300	295,529,938	自動車	BM
バンクネガラインドネシア(ペルセロ)	2.3	18,462	8,675	160,159,324	銀行	ID
グダン・ガラム	2.0	1,924	72,475	139,448,278	タバコ	ID
ユナイテッド・トラクターズ	1.7	3,730	32,000	119,364,324	石油・ガス・消耗燃	BM
チャンドラ・アスリ・ペトロケミカル	1.6	17,834	6,225	111,013,664	化学	ID
インドフードCBPサクセス・マクムール	1.4	11,662	8,275	96,502,289	食品	BM
カルベ・ファルマ	1.0	46,875	1,500	70,312,683	医薬品	ID
アダロ・エナジー	1.0	31,986	2,130	68,130,099	石油・ガス・消耗燃	ID
マヨラ・インダ	1.0	22,359	2,950	65,958,164	食品	ID
バンク・ダナモン・インドネシア	0.9	9,489	6,875	65,235,479	銀行	SG
インドフード・サクセス・マクムール	0.9	8,780	7,200	63,219,071	食品	BM
セメン・インドネシア(ペルセロ)	0.9	5,932	10,350	61,391,232	建設資材	ID
インダ・キアット・パルプ・アンド・ペーパー	0.9	5,471	11,000	60,180,812	紙製品・林産品	ID
インド・セメント・トゥンガル・プラカルサ	0.9	3,681	16,000	58,899,707	建設資材	DE

（出所）Bloomberg

ている。2015年の下落局面も FRB の利上げやチャイナショック等の外的要
因が齎したものと考えられ、構造的には今なお外的環境の変化に対してはセ
ンシティブな値動きとなっている。無論、国民的人気で改革派のジョコ・ウ
ィドド大統領の誕生は株式市場にとっても好材料であることは疑いようがな

第 6 章　インドネシア経済と資本市場の最新情勢　183

図表6−25　JCIの相対的パフォーマンス
　　　　　（ドル換算、2008/4/1を100として標準化）

（出所）Bloomberg

く、ジョコ政権が2016年以降様々な経済対策パッケージを導入したことで株式市場のパフォーマンスが回復している点からも読み取れる。

Ⅱ　インドネシアの債券市場

　インドネシアの債券市場はソブリン・準ソブリン中心の市場である。インドネシア・ルピア建ての2018年3月末時点債券残高でみると、インドネシア国債（ティッカー：INDOGB）が1,628兆ルピアで市場全体の半分以上を占めており、次いでインドネシア政府イスラム債（INDOIS）が368兆ルピアで12％の2位、以下インドネシア銀行預金証書（SDBIIJ）、インドネシア短期債（INDOBL）、資本再注入国債（INDORB）等とフォーマットは様々だがいずれもソブリン・準ソブリンの銘柄が上位を占めている。アメリカ等の先進国債券市場と異なり社債は極めて存在感が低く、インドネシアの債券に投資するファンドを2007年から2014年まで運用していた筆者の経験でも社債

に投資したケースは数える程しかない。そのうちの一つが日系の自動車販売
金融会社が現地法人を通じて発行した私募債への投資だったが、INDOGB
等の国債と異なり期中の売買はほぼ成立せず、最初から償還まで持ち切る前
提（満期保有目的）でポートフォリオの一部に組み込んだ程度だ。

図表 6 - 26　インドネシア債券市場　主要発行体リスト

発行体	ティッカー	産業分類	発行体残高 （兆ルピア）	市場比率
INDONESIA GOVERNMENT	INDOGB	政府	1,628	51.5%
PERUSAHAAN PENERBIT SBSN	INDOIS	政府	368	11.7%
SERTIF DEPO BK INDONESIA	SDBIIJ	金融	245	7.7%
INDONESIA TREASURY BILL	INDOBL	政府	111	3.5%
INDONESIA RECAPITAL BOND	INDORB	政府	61	1.9%
INDONESIA RETAIL BOND	INDORI	政府	60	1.9%
JP MORGAN CHASE BANK NA	JPM	金融	37	1.2%
INDONESIA EXIMBANK	BEIAIJ	政府	32	1.0%
DEUTSCHE BANK AG LONDON	DB	金融	30	0.9%
EUROPEAN INVESTMENT BANK	EIB	政府	28	0.9%
PT BANK RAKYAT INDONESIA	BBRIIJ	金融	26	0.8%
PT BANK TABUNGAN NEGARA	BBTNIJ	金融	20	0.6%
EUROPEAN BK RECON & DEV	EBRD	政府	20	0.6%
PERUSAHAAN LISTRIK NEGAR	PLNIJ	公益	17	0.5%
INDOSAT TBK PT	ISATIJ	通信	17	0.5%
PT BANK PAN INDONESIA	PNBNIJ	金融	14	0.4%
EXPORT-IMPORT BANK KOREA	EIBKOR	政府	14	0.4%
INTER-AMERICAN DEVEL BK	IADB	政府	13	0.4%
FEDERAL INTERNATIONAL FI	ASIIIJ	金融	13	0.4%
SARANA MULTI INFRASTRUKT	SMIPIJ	金融	13	0.4%
		市場全体	3,162	

（出所）Bloomberg

第 6 章　インドネシア経済と資本市場の最新情勢　185

相対的に高い金利水準や高い海外投資家保有率等、インドネシア債券市場
の主な特徴は先述の通りだが、付け加えるならばインドネシアの長期金利はそ
の経済成長率と同様に、高金利の割には比較的安定している点が挙げられる。
これはインドネシア中銀が財務省と協同で積極的に債券市場に介入しているこ
とが影響しているものだが、彼らの介入の意図は主に市場の長期インフレ期待
のコントロールにある。従って米国の金利変動や金融市場全体のリスクセンチ
メント等といったファクターにはインドネシアの長期金利も他の新興国債券と
同様に影響を受けやすいが、そういった外的要因が安定している局面では比
較的インドネシア債券市場も安定していることが多いといえる。

　なお、他のアジア債券市場との長期比較（2009年以降）で見ると、インドネ
シア債券のパフォーマンスはトップクラスだ。図表6-28では先述したABMI
（アジア債券市場育成イニシアティブ）の一環として市場ベンチマークとして
開発されたiBoxxABF指数の構成市場で2009年以降の債券市場パフォーマン
スを比較している。これを見ると、アジア同士の比較でもインドネシア債券の
長期パフォーマンスは突出していることがわかる。無論、先述した通りグロー
バルなリスクオフの局面では劣後しやすい点に留意は必要だが、長期的にみれ
ばその経済成長と同様に債券市場のパフォーマンスも優位にあると言える。

図表6-27　発行体業種分類

業種	業種別残高（兆ルピア）	割合
政府	2,343.8	74.1%
金融	614.7	19.4%
産業	65.4	2.1%
消費財	45.1	1.4%
通信	35.6	1.1%
資源	25.4	0.8%
公益	17.4	0.5%
エネルギー	14.6	0.5%
テクノロジー	0.2	0.0%

（出所）Bloomberg

図表6-28 インドネシア債券(現地通貨建て)のパフォーマンス
2008年末=100として標準化、為替ヘッジなし、トータルリターン(ドルベース)

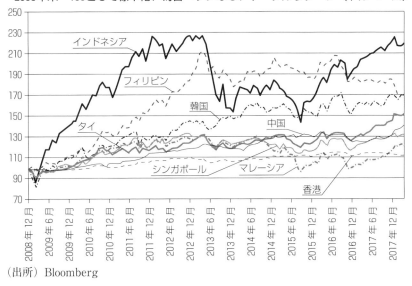

(出所) Bloomberg

第6章 インドネシア経済と資本市場の最新情勢　187

第 **7** 章

オーストラリアの経済と資本市場

はじめに

　本稿の目的は、26年にわたって景気拡大が続くオーストラリアの経済と資本市場の概要を、幅広く把握することにある。まず、歴史を簡単に振り返り、経済や資本市場の構造、スーパーアニュエーション（年金）の動向を確認し、最後に最近の話題と全体のまとめを述べる[1]。

　オーストラリア経済には、一次産品を輸出し、工業製品を輸入するという、先進国でありながら新興国のような貿易構造が描かれる。鉄鉱石や石炭などの恵まれた天然資源に依存し、国内市場の小ささから工業製品の輸入代替政策を推進することもなく、積極的な通商政策によって、天然資源の輸出を後押ししてきた。また、資源国という側面と同時に、内需が拡大する先進国という側面もある。労働集約的な産業が限られることから、海外からの移民を選別的に流入させてきたことで、一定の経済力を有する人口が拡大し、国内消費が持続的に拡大することが可能になったと考えられる。特に、近年は金融業などのサービス業の拡大が、安定的な経済成長をもたらした。経常収支赤字国で、海外からの資金流入を必要とすることから、資本市場では、高格付け、高利回りといった環境の維持が意識されているとみられる。活発な海外からの投資に加えて、金融業の興隆にはスーパーアニュエーションと呼ばれる、巨大な年金資金の存在が背景にある。

　短期的には増加する人口を受け入れる都市インフラの整備、長期的にはさらなる経済発展に向けた核となる産業が見当たらないことが課題であろう。通商政策は引き続き積極的で、貿易・サービス収支の赤字幅は縮小傾向にある。移民という人口増加に支えられて、持続的な経済成長につながる内需を確保できる可能性は高い。

1　本稿におけるデータ等は2017年末から2018年初の執筆時点のものである。

■ 第1節

オーストラリアの概要

Ⅰ オーストラリア略史

　オーストラリアの面積は769万平方キロメートルで、これはアラスカを除く米国に近い。だが、人口は2016年末でわずか2,400万人余りにとどまる。

　歴史を振り返る際に、ポイントとなるのは英国との関係である。1770年に英国がオーストラリアの領有を宣言し、1788年から英国は植民地統治を開始した。世界各地の植民地が独立を求め、18世紀後半の米国の独立戦争などに手を焼いた英国は、オーストラリアに対する自治権を徐々に拡大させた。例えば、英国で普通選挙権を全ての成人男子に与えたのは1918年だが、オーストラリアでは植民地時代の1856年と、かなり早期に自治権を拡大させてきた。オーストラリア連邦は1901年に成立する[2]。

　オーストラリアの独立は勝ち得たものではなかったため、英国との関係は親密なままで、国際政治の舞台や2度の世界大戦では英国の側に立ってきた。1999年には共和制移行の是非を問う国民投票が実施されたが、結果は立憲君主制が継続することになった。今も英国連邦（Commonwealth realm）に属し、英国のエリザベス女王がオーストラリア女王を兼ねている。国旗にも英国旗のユニオン・ジャックが残るように、心情や文化は英国寄りの側面が色濃いと言えよう。

　ところが、1967年に英国ポンドが対米ドルで切り下げられたように、英国経済が徐々に衰退して、経済面における対英関係は変化していく。1973年に英国がEC（ヨーロッパ共同体）に加盟し、旧植民地諸国よりも大陸欧州へ目を向け始めると、オーストラリアも米国やアジアへ接近していくようになった。

　オイルショックなどの影響もあるが、低成長、高失業、高インフレとなった1970年代を経て、1980年代から経済の構造改革が始まった。国内産業の保

2　1985年に英国でオーストラリア法が成立し、1986年に施行されたことでオーストラリアが完全に独立した。

図表7－1　オーストラリア略史

1770年	英国人探検家クックが現在のシドニー郊外、ボタニー湾に上陸、英国領有宣言。
1788年	英国人フィリップ海軍大佐一行、シドニー湾付近に入植開始、初代総督に就任。
1901年	オーストラリア連邦成立（六つの英国植民地の請願により連邦が憲法を制定。連邦制を採用）。
1942年	英国のウェストミンスター法受諾（英国議会から独立した立法機能取得）。
1975年	連邦高等裁の英国枢密院への上訴権を放棄。
1986年	オーストラリア法制定（州裁判断の上訴権を放棄する等英国からの司法上の完全独立を獲得）。
1999年	共和制移行の是非を問う国民投票を実施（結果は立憲君主制の継続）。

（出所）外務省その他より大和総研作成

護よりも競争を促し、積極的な対外通商政策に転換していく。2000年代は資源価格の記録的な上昇で好況となるが、リーマン・ショックなどの世界的な金融危機を経て、2010年代は資源依存からの脱却が模索されている。

　英国のエコノミスト誌の調査部門であるEIU（Economist Intelligence Unit）による「住みやすい都市ランキング2017」でメルボルンが7年連続で1位となり、5位にアデレードが入っている。経済の成長ペースはやや鈍化したが、世界中の人々を惹きつけて、移民を中心に人口は年1.0％～2.0％のペースで増加が続いている。

Ⅱ　政治体制

　英国の立憲君主制・議員内閣制を模し、米国的な連邦制のオーストラリアには、6つの州と準州（北部準州）、特別地域（首都特別地域ほか）がある[3]。憲法が成文法である点は米国的で、憲法において連邦政府の責任は外交、貿易、国防、移民などと定められ、それ以外は州に属する。各州にはそ

3　首都特別地域を準州として、6つの州と2つの準州とする場合もある。

れぞれ独自の議会と政府があり、連邦と州の法律が矛盾する場合は連邦の法律が優先する。

連邦議会は二院制であり、定員は上院76名、下院150名である。上院では各州から12名と準州・特別地域から2名ずつの議員が選出され、下院は有権者数がほぼ同数になるように分けられた選挙区から選出される。連邦議会における主要な政党は自由党、国民党、労働党である。このうち、自由党と国民党は保守連合を組み、保守連合と労働党で事実上の二大政党制となっている。下院は選挙区での絶対多数が必要なため二大政党に分かれる一方、比例代表制の上院には複数の小政党が存在する。任期はそれぞれ上院が6年、下院が3年であり、選挙はおおむね3年ごとに行われ、投票は罰金付きの国民の義務である。2016年の選挙では2013年に続いて保守連合が勝利し、自由党のマルコム・ターンブル首相による保守政権が続いている。

おおまかな支持層は、自由党が商工業者、国民党が地方の利益を代表する農業や鉱業関係、労働党は労働組合などとされる。産業振興で農産品や鉱業製品を重視するか、工業製品を重視するかといった違いはあるが、二大政党間における多くの主要政策（経済、通商、安全保障）の差は小さいとされる。環境政策では違いがあり、環境問題を重視するかどうかで、地域開発への積極性が異なる面があるとみられる。

■ 第2節
オーストラリアの経済構造

Ⅰ　26年にわたる景気の拡大

1992年以降の実質GDP成長率が、1四半期でマイナスになることはあっても、2四半期連続でマイナスになったことはない。本稿執筆時点でデータが得られる2017年7－9月期まで、105四半期（26年と1四半期）にわたってリセッションを回避してきた。世界的な金融危機で多くの国がリセッションに陥った時期も減速にとどまっている。需要項目別に実質GDPの寄与度分解を行うと、民間最終消費支出の寄与が安定していることがわかる。純輸

図表7-2　実質 GDP 前年比の寄与度分解

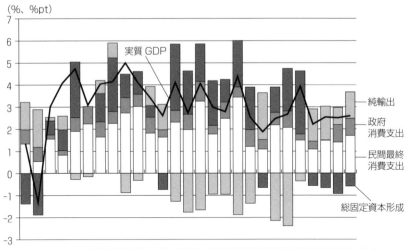

(注) 主な項目のみ表示。
(出所) ABS、Haver Analytics より大和総研作成

出や総固定資本形成は大きく変動するが、安定した国内消費が持続的な景気の拡大を支えてきたと言えるだろう。

　主な産業別実質 GDP の構成比では、製造業が長期的に低下し続けている。代わって台頭してきたのは、金融・保険や建設業、ヘルスケア・社会扶助などのサービス部門である。また、鉱業部門は一定の構成比を占めるが、農業などは低い。産業別雇用者数も GDP と似た傾向である。製造業の雇用は長期的に減少を続け、ヘルスケア関連の雇用者が最も多くなり、小売業や建設業、教育、レストランなどのサービス業で雇用者が増え続けている。GDPと異なるのは、雇用者数が少ない金融関連や鉱業部門であろう。鉱業と農業のイメージが強いオーストラリアにおいて、鉱業は GDP 成長率に寄与しているが、直接的な雇用面での貢献は限られる。

　製造業の衰退は、国内市場の規模が小さいことが一つの要因である。例えば、2016年にオーストラリアの自動車販売台数は過去最高を記録したが、それでも118万台であり、米国の1,787万台や中国の2,803万台と比べると、市場規模が小さいことがわかる。オーストラリアでの全ての自動車生産は2017

図表7-3　実質GDPの主な産業別構成比

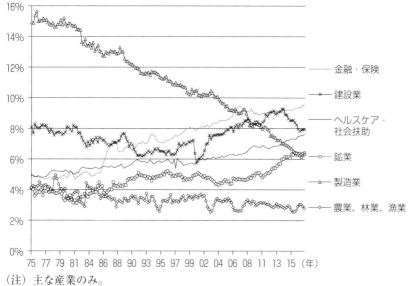

（注）主な産業のみ。
（出所）ABS、Haver Analyticsより大和総研作成

年で打ち切られた。

　オーストラリアは、資源国としての側面と、消費主導の先進国の側面という二面性がある経済構造と言えよう。国際商品市況や海外経済は、需要項目では輸出や設備投資、産業部門別では鉱業や農業部門に大きな影響を及ぼす。内需関連の金融業や個人消費関連のサービス業が伸長してきたことが、長期にわたり安定した成長を継続できた背景だと考えられる。

Ⅱ　国内における6つの州と国際経済における位置づけ

　6つの州を比較すると、シドニーが州都のニュー・サウス・ウェールズ州と、メルボルンが州都のビクトリア州の2州で国内需要の半分程度を占める。都市部を抱える両州は、内需に支えられて、州の最終需要の伸びの変動は小さい。一方、クイーンズランド州と西オーストラリア州は鉱山地区であり、資源ブームや海外経済の影響を強く受けて、最終需要の伸びが激しく変

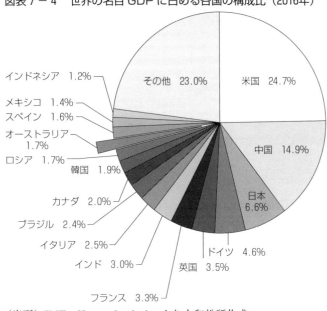

図表7－4　世界の名目GDPに占める各国の構成比（2016年）

（出所）IMF、Haver Analyticsより大和総研作成

動してきた。資源ブームとその終焉は、資源国オーストラリアに影響したが、内需が強い地域か、鉱業部門の存在感が大きい地域かで、資源価格変動の影響の大きさは異なることになる。資源価格の変動だけでオーストラリア経済全体の動向を把握することは難しい。

　転じて、世界経済におけるオーストラリア経済の位置づけはどうだろうか。IMFによると、世界の名目GDPにおけるオーストラリアの順位は、ここ30年ほどの間、12位から15位程度で推移してきた。2016年の構成比は1.7％で13位であり、アジア諸国と比べると11位の韓国が1.9％で近いが、韓国の人口はオーストラリアの2倍以上である。同じく、一人当たり名目GDPの順位は、2016年に5.2万ドルで11位である。アジア諸国との比較では、10位のシンガポールが5.3万ドルと近いが、シンガポールの人口はオーストラリアの4分の1程度にすぎない[4]。

---

[4]　2016年の購買力平価（PPP）ベースでの比較では、名目GDPは世界のGDPにおける構成比が1.0％で20位、一人当たりGDPは4.9万ドルで19位となる。

名目 GDP の規模でオーストラリアより上位の国々は、人口がオーストラリアを上回るが、一人当たり名目 GDP でオーストラリアより上位に位置する国々は、首位のルクセンブルクをはじめ、人口1,000万人以下の小国が多い。オーストラリアは、名目 GDP の規模と一人当たり名目 GDP が共に上位であり、少ない人口でそれなりの付加価値を生み出し、一人当たり GDP でも豊かさを確保していると言えよう。

Ⅲ 一次産品を輸出し工業製品を輸入する貿易関係

オーストラリアの貿易構造は、中国や日本、米国向けに一次産品を輸出し、中国や米国、日本から工業製品を輸入する構造である。あたかも新興国のような貿易構造だが、前述のように国内市場の規模が小さく、必要な日用品などの工業製品は輸入した方が手っ取り早い、ということになっている。

2016年の財貿易の動向を品目別に見ると、輸出は原材料の一次産品が輸出全体の半分以上を占め、その大半は鉄鉱石や石炭などである。輸入は工業製品が大部分を占める。輸入する工業製品の内訳では、自動車・同部品のシェアが高いが、日用品など多岐にわたる。地域別では、輸出の３割近くが中国向けで、かつて輸出先首位であった日本向けの輸出比率は中国を下回り低下傾向にある。輸入も中国からの輸入がトップで、米国と日本からの輸入の比率は低下した。

中国向け輸出は一次産品が８割を占め、その７割が鉄鉱石であり、鉄鉱石は中国向け輸出全体の半分程度となる。中国からの輸入は９割が工業製品であり、通信機器、繊維製品、家庭用品など様々である。日本向け輸出は、中国向けと同様に一次産品中心で、主に鉄鉱石や石炭、加工食品などである。日本からの輸入は工業製品中心で、自動車・同部品の比率が高い。米国向け輸出は、様々な工業製品であり、加工食品などの一次産品が続く、米国からの輸入も工業製品が主である。歴史的に関係が深い英国向けは、かつてはかなりの貿易量であったが、すでに輸出も輸入もそれぞれ全体の５％以下であり、輸出先としては米国や韓国を下回り、輸入元としてはタイやドイツを下回って、貿易を通じたつながりは希薄化している。

第7章　オーストラリアの経済と資本市場　**197**

図表7-5　主な財別輸出の構成比　　図表7-6　主な財別輸入の構成比

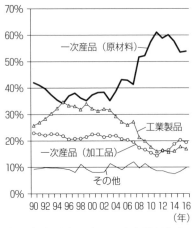
（出所）外務貿易省より大和総研作成

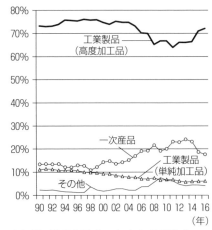
（出所）外務貿易省より大和総研作成

　財・サービスを合わせた輸出入額の合計では、中国が輸出入総額の3割近くを占め、次いで日本、米国の順となるが、ASEAN諸国を合計すると日本を上回り、東南アジア諸国の重要性は高い。

Ⅳ　積極的な対外通商政策

　英国がECに加盟して旧植民地諸国との関係が希薄化し始めたのち、1980年代以降のオーストラリアでは、保護主義的な産業政策から積極的に競争を促す政策へ転じた。対外通商政策も積極化して、多国間のWTO交渉が行き詰まりを見せてくると、2国間FTA（自由貿易協定）を結ぶようになる。
　オーストラリアが結ぶ2国間FTAのうち、最も締結が早いのは1983年発効の対ニュージーランドFTAで、構造改革が始まる時期と重なる。現在の締結状況は、2003年発効の対シンガポール、2005年発効の対米FTAなどであり、2000年代以降にFTAなどに積極的になったことがわかる。多国間協定は、ASEAN諸国およびニュージーランドと、ASEAN－オーストラリア・ニュージーランド自由貿易協定（AANZFTA）を結び、2010年に発効

図表7−7 オーストラリアの輸出入額とシェア

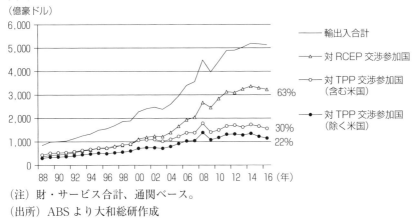

(注) 財・サービス合計、通関ベース。
(出所) ABSより大和総研作成

した。

　最大の貿易相手国である中国との間では、2015年12月に豪中FTAが発効した。関税は、発効と同時にオーストラリアから中国向け輸出額の86％超の関税が撤廃され、最終的には96％の関税が撤廃される。反対に中国からの輸出額の82％の関税が撤廃され、2019年1月には全ての品目の関税が撤廃される予定である。このほか、サービス分野においても協力関係が強化された。

　交渉中または発効前のFTAは、TPP（環太平洋パートナーシップ協定）、RCEP（東アジア地域包括的経済連携）のほか、太平洋諸国、湾岸諸国などとの多国間FTAや、インド、インドネシアといった2国間FTA交渉が行われている。このうち、貿易ウェイトで見ると、2016年のオーストラリアの輸出入金額のうち、TPP対象国との取引は米国を含めて30％、米国を除いたCPTPP（包括的および先進的環太平洋連携協定）だと22％になる。RCEPは最大の貿易相手国の中国も含まれることから、同63％になる。

　TPP交渉から米国が離脱しても、経済的利益があるとしてオーストラリアはTPPをRCEPと同等に扱うとした[5]。すでに日中韓やASEAN諸国な

---

[5] ABC Radio Nationalにおける貿易・観光・投資省大臣（Steven Ciobo）の発言。
http://trademinister.gov.au/transcripts/Pages/2017/sc_tr_170123.aspx?w=tb1CaGpkPX%2FlS0K%2Bg9ZKEg%3D%3D

第7章　オーストラリアの経済と資本市場　199

どと FTA を結んでいるが、多国間 FTA は 2 国間 FTA と比べて協定内容が統一されているため、複数の 2 国間 FTA よりも中小の輸出業者にとって負担が小さくなる。このため、少なくとも現政権は多国間 FTA をより重視していると考えられる。

Ⅴ　移民は労働者であり消費者

オーストラリアが移民大国であることは良く知られているところであろう。オーストラリアの人口増加率は、年 1 ％～ 2 ％程度と先進国では高水準であるが、人口増加のうち移民による増分が半分以上を占める。生産年齢人口の移民は労働力人口の増加であり、人口が増えると、個人消費と住宅需要が必然的に増加して内需を拡大させる要因となる。

国家の成立当初、すなわち1901年のオーストラリア連邦が成立した際に、いわゆる「白豪主義」として知られる「連邦移民制限法」も成立した。19世紀後半のゴールドラッシュに伴い増加した中国系労働者への警戒から、移民制限法は事実上、中国系を中心にアジア系移民の制限を意図していた。だが、少子高齢化に伴う労働力不足などを背景に、移民労働者を受け入れる必要性は高く、移民の出身国は徐々に拡大し、なし崩し的に「白豪主義」は守られなくなっていった。1973年の移民法で「白豪主義」は法的にも撤回され、2011年頃からは年間およそ19万人が移民としてオーストラリアにやってきている。

移民は技能移民（Skill Stream）と家族移民（Family Stream）に大別され、7 割が技能移民である[6]。農繁期の季節労働者の受け入れについては議論が分かれているようだが、労働集約的な産業が限られていることから、非熟練労働者を積極的に受け入れる必要性は相対的に乏しい。市場調査に基づいた「中長期戦略的技能リスト（MLTSSL：Medium and Long-term Strategic Skills List）」が作成され、永住権申請に際し、国内経済において需要が高い技能を持つ労働者を優遇している。技能移民の多くは産業振興や企業の労働

6　この他、難民に相当する人道支援移民などがあるが、受け入れ人数は極めて少数である。

図表7-8　オーストラリアへの移民の内訳

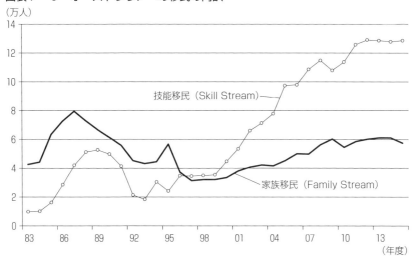

(注) その他の項目は表示していない。
(出所) Department of Immigration and Border Protection, "Historical migration statistics" より大和総研作成

力需要に応えられるほか、経済力や語学能力の点で、定住にかかる社会的コストが小さいと考えられている。

「白豪主義」の撤回の後は、移民が出身国に関係なくオーストラリア市民として社会に参加できるよう英語教育を提供するなど、多文化主義政策が取られてきた。ところが、徐々にアジア系の移民の台頭などで反移民感情が高まり、就労ビザの発給や、市民権の取得に必要な要件を近年、厳格化するようになった。労働者を必要な職種に限定してきたように、これまでもオーストラリアは全ての移民や難民に寛容と言えなかったが、海外からの労働者・人材の流入によって経済成長してきた面に転機が訪れる可能性もある。

■ 第3節 ■

資本市場と金融政策

Ⅰ 株式市場

　証券取引所は、自らの市場に上場するオーストラリア証券取引所（ASX：Australian Securities Exchange）である。シドニーに立地し、代表的な株価指数には、S&P/ASX200指数（以下、ASX200指数）などがある。2017年12月末時点で上場している国内株式の時価総額は1.9兆豪ドル（約167兆円）、ASXへの上場企業数は外国企業を含めて2,147社である。

　上場企業の業種（11セクター）の構成は、企業数では一般消費財・サービス（生活必需品）と素材（資源）がそれぞれ2割弱を占め、次いで金融と不動産となる。時価総額では金融が3割～4割を占め、次ぐ素材が1割～2割程度で、金融の構成比が圧倒的に大きい[7]。時価総額上位企業には、世界最大の鉱業会社であるBHPビリトンや、オーストラリア・コモンウェルス銀行など5大金融グループが並ぶ。資源国のイメージがあるオーストラリアだが、上場企業の数と時価総額は内需関係と金融が、素材（資源）関係を上回る。また、IPO（新規上場）も国際比較すると活発であり、素材系や金融関連のほか、テクノロジー関係で多くのIPOが行われている。

　オーストラリア市場の特徴の一つは、配当利回りの高さであろう。世界の主要株価指数と比較しても配当利回りはトップクラスである。金融危機の時期などを除くとASX200指数の配当利回りは4％～5％程度であり、金融政策の利下げに伴って2％～3％程度に低下した10年国債利回りを上回っている。ASX200指数の構成銘柄のうち、半分以上の銘柄で配当利回りが4％を超え、高配当銘柄には一般消費財・サービス（生活必需品）や金融関連が目立つ。ASX200指数は金融危機前の水準を回復していないが、配当込指数は

7　2016年にGICS（世界産業分類基準）のセクター分類において、金融から不動産が独立し、10セクターから11セクターになった。従来の金融セクターのように不動産を金融に含めると、時価総額構成比は4割超となる。

202

図表7－9　比較的高水準で安定した配当利回り

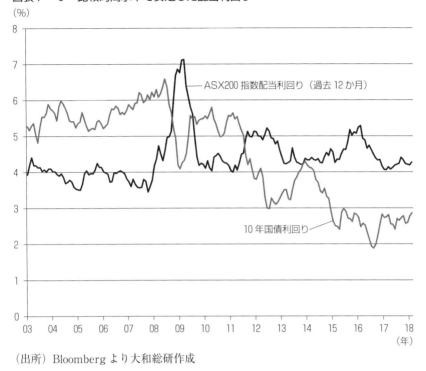

（出所）Bloombergより大和総研作成

危機前の水準をはるかに上回る。高配当である理由は、配当への課税が軽減される税制[8]であり、企業が内外の投資家にアピールするために配当を重視しているためだと考えられる。

　株主の構成は、海外の投資家が4割〜5割程度を保有し、次いで3割弱の年金基金・保険、個人投資家とその他の金融機関が1割強で並ぶ。ここ数年は年金基金・保険の保有比率がやや上昇する傾向にある。年金基金・保険の比率上昇は、後述するスーパーアニュエーションの規模拡大が背景であろう。長期間にわたって経済成長が続き、高配当を維持していることは、内外の投資家を惹きつける理由の一つとみられる。

---

[8] 株主が受け取る配当にかかる所得税から、すでに企業が支払った法人税相当分を差し引き、二重課税を一部解消するインピュテーション方式が取られている。

Ⅱ　債券市場と財政政策

　オーストラリアのソブリン格付け（長期の自国通貨建て）は、世界の主要格付会社３社からすべて最上級を得ている。最上級の格付けが付与されている国は格付会社によって異なるが、３社揃って最上級になっているのは、2017年12月末時点でオーストラリアを含む９ヵ国のみである。だが、世界的な金融危機（リーマン・ショック）以降は財政赤字が続き、国債の発行残高は危機前の５倍超と、急速に積み上がってきた。一般政府部門の債務残高は、名目GDP比で40％を超え、国際的に見ればまだまだ低い水準であるものの、格付会社は見通しをネガティブとして、格下げを検討する警告がなされている。

　最上級の格付けを得ているにもかかわらず、10年国債利回りは他の先進諸国と比べて水準は高い。一つの理由として、世界的な金融危機後もリセッションを回避できたことで、ゼロ近傍まで利下げする必要がなかったことが挙げられる。そもそも、経常収支の赤字国で海外からの資金流入を必要としているほか、資源価格の変動に経済が左右されるという、一部に不安定な部分があることが高めの金利となっている背景にあろう。さらに、足下では、CPI（消費者物価指数）上昇率は歴史的低位にあるが、不動産価格の上昇が統計に十分反映されておらず、インフレの実勢はもっと高水準だとみなされ、名目利回りが相対的に高くなっている面もあると考えられる。

　国債（連邦政府債務）の保有者では、海外投資家が半分以上を占める大きな存在で、高めの利回りで世界中から資金を集めている。国債の８割近くを海外投資家が保有していた時期もあった。赤字が続く経常収支の理由は貿易赤字ではなく、第一次所得収支の赤字が主因である。これは活発なオーストラリア向け投資の裏返しとなる。社債や州債などを含めて日本からのオーストラリア向け債券投資が活発であることを踏まえると、オーストラリアの債券市場において、日本の投資信託などによる投資がかなりのウェイトを占めている可能性がある。

　経常収支の赤字が定着したことで、連邦政府は海外資金によるファイナンスに資するよう、高い格付けの維持の必要性を認識しており、予算の作成に

図表7−10　連邦政府債務の保有者別構成比

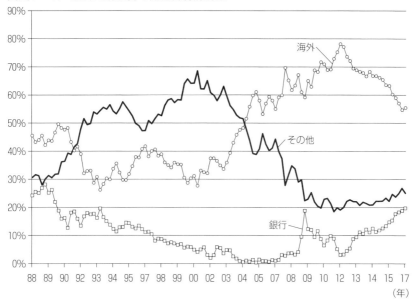

(出所) ABSより大和総研作成

あたり格付会社の意見を参考にしているとしている。そのため、メルボルンとブリスベンを結ぶ鉄道や、シドニー第2空港などを対象としたインフラ投資を継続する一方で、財政の黒字化目標を掲げて、一部の減税と同時に増税策も打ち出している。

Ⅲ　金融政策

　中央銀行は、1960年に設立されたオーストラリア連邦準備銀行（RBA：Reserve Bank of Australia）で、2016年9月からフィリップ・ロウ氏が総裁を務めている。法的にRBAに課せられた目的は、①通貨価値の安定、②最大雇用の維持、③経済的繁栄と人々の幸福、の3点である。

　課せられた目的達成のために、RBAはインフレ率をコントロールすることで、長期的に力強く持続的な経済成長が望めるとして、金融政策にはインフレターゲット政策を採用している。具体的には、中期的に消費者物価指数

（CPI）の前年比伸び率を平均的に２％～３％のレンジで安定させることを目標としている。そのために操作される政策金利は、翌日物インターバンク金利の Official Cash Rate（OCR、"the cash rate" とも呼ばれる）である。金融政策決定会合（政策理事会）は原則として１月を除く毎月第１火曜日に開催され、金融政策のターゲットとなる CPI が四半期に１回公表されることから、CPI 公表直後の会合が特に注目される。

　RBA は、2016年８月に政策金利の誘導目標を過去最低となる1.5％まで引き下げた。だが、CPI は一時的に前年同期比で２％を上回ることはあっても、おおむね目標レンジ下限の２％をやや下回って推移している。就業者は増えて失業率は緩やかに低下しているものの、賃金が伸び悩んでおり、低インフレからの脱却が課題である。RBA は、賃金が伸び悩みインフレ率が低迷している理由として、労働者が持つスキルと企業が求めるスキルにミスマッチがあることや、小売業の競争激化などを指摘している。

　また、RBA は政策金利目標の変更がインフレに与える経路として、経済活動、外国為替レート、インフレ期待の３つを挙げている。金融政策の見通し次第で、豪ドルが上昇すればインフレを抑制し、逆に下落すればインフレを加速させる。2016年以降は、豪ドルが上昇に転じてインフレ率が伸び悩む要因になった。為替レートや国際商品市況の変動を受けて輸出入物価が変動し、金融政策にフィードバックされることになる。さらに、中国との貿易が急速に増えて、実効為替レートに反映される人民元の比率が高まっていることから、オーストラリアの金融政策は、中国の経済や政策動向に影響を受けやすくなっていると言えよう。

■ 第４節

スーパーアニュエーションと家計

Ⅰ　スーパーアニュエーション

　オーストラリアには税方式による公的な老齢年金があり、所得代替率は４割を目指している。スーパーアニュエーションはそれを補完する年金制度で

あり、制度が現行に近い形になったのは1992年と歴史は比較的浅い。これまでに積み上げられてきた資産残高は2.6兆豪ドルとなり、1.8兆豪ドルの名目GDPをはるかに上回る（2017年9月末）。多くは確定拠出型の年金で、オーストラリアで運用されている資産残高のおよそ8割がスーパーアニュエーションである。

　企業に雇われている被用者は、ほぼ全員が強制加入で、自営業者は任意加入であり、労働者の約9割がカバーされている。2017年時点で雇用主は、被用者の給与の9.5％を被用者が指定する基金（ファンド）に拠出する義務を負う。拠出比率は徐々に引き上げられてきて、2025年までに段階的に12.0％まで引き上げられる予定である。拠出額の一定部分は所得税に軽減税率が適用され、被用者は税引き後の追加拠出も可能である。

　ファンドには、企業単位、業界単位、個人単位など、5つのタイプがある。ファンド数が多いのは加入者4名以下のスモール・ファンドで、その特徴は加入者自身でファンドの設立・運営を行い、運用の自由度が高いことである。また、1口座あたりの資産残高が大きく、自営業者や富裕層が利用し

図表7－11　スーパーアニュエーションの資産残高

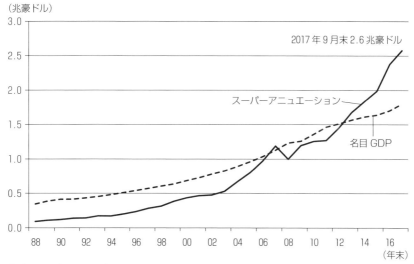

（注）2017年は9月末。
（出所）ABSより大和総研作成

第7章　オーストラリアの経済と資本市場　207

図表7－12 スーパーアニュエーションの資産構成

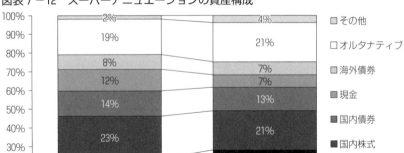

(注) 2017年9月時点。オルタナティブは不動産、インフラ、非上場株式、ヘッジファンドへの投資額の合計。
(出所) APRAより大和総研作成

ているとみられる。一方、口座数が多いのは、金融機関が設立して幅広い個人を対象とするリテール・ファンドと、特定産業の労働組合が運営する産業ファンドである。加入者は選好に合わせてファンドを自分で選べることから、ファンド間で加入者を獲得するための競争が行われている。ファンドは手数料の設定額を引き下げたり、運用商品の品揃えや、資産管理や投資アドバイスを含めた加入者サービスを充実させたりしている。

加入者は、所属企業がファンドに拠出した資金の運用指図を行う。スモール・ファンドを除くスーパーアニュエーションの資産構成は、およそ半分がオーストラリア内外の株式であり、その他にオルタナティブ投資（不動産、インフラ投資、非上場株式、ヘッジファンド）も2割近い。現金や国内債券などの比較的安全な資産の比率は2割強にとどまり、加入者の積極的にリスクを取る姿勢がうかがわれる。

また、運用を指図しない加入者のために、「マイスーパー」と呼ばれるデフォルト商品が用意されている。監督官庁に登録された適格デフォルト商品の資産構成は、スーパーアニュエーション全体に類似するが、内外の株式やオルタナティブ投資の比率は全体をやや上回り、逆に安全資産の比率は低

い。デフォルト商品を選択する加入者は、必ずしも投資に関する知識が十分ではないと考えられるが、結果的にリスクを取る形になっている。年金は長期の運用資産であり、期待リターンの低い安全資産では、十分な老後資産の形成が困難になってしまう。長期的な経済成長の果実を得ることが目指されていると言えよう。また、マイスーパーには多くのライフサイクル型ファンドが含まれており、若年期にはリスクを取る一方で、退職時期が近づくにつれて安全資産の比率を高めることで、老後資産が確保できるように配慮されている。

Ⅱ 家計金融資産・負債

オーストラリアの家計金融資産の総額は、約4.8兆豪ドルと名目GDPの2.8倍ほどの規模である（2017年3月末）。家計金融資産のおよそ半分は、前節で述べたスーパーアニュエーションであり、スーパーアニュエーションの構成比は、ほぼ一貫して上昇してきた。

スーパーアニュエーションに次いで多い資産クラスは預金であるが、家計金融資産に占める預金の比率は2割強でおおむね横ばいである。株式の比率は、15％～20％程度であり、徐々に低下する傾向にある。スーパーアニュエーションという積立方式の年金へ移行する過程では、国営企業を民営化し、連邦政府がその株式を売り出すことで従来制度の受給者に年金を給付する財源を確保した。政府が売り出した株式を購入することが、家計が株式を保有するきっかけになったとされるが、株式の保有形態はスーパーアニュエーション経由にシフトしていると言えそうだ。

「投資信託の世界統計」（投資信託協会）によると、2017年9月末時点でオーストラリアの投信残高は世界第6位となっている。首位の米国は圧倒的な規模であるが、2位のルクセンブルクや3位のアイルランドが金融センターであり、4位のフランスや5位のドイツと比べてオーストラリアの人口が3分の1程度であることを踏まえると、かなりの投信大国と言える。だが、家計が投信を直接保有する額は限定的で、株式と同様に投信の保有もスーパーアニュエーション経由になっているとみられる。

図表 7－13　家計金融資産の構成比

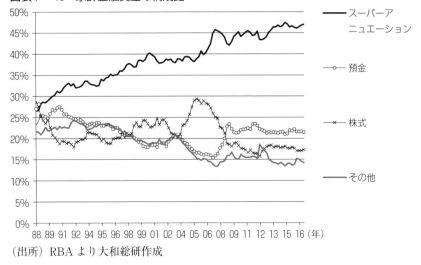

（出所）RBA より大和総研作成

　投信（ETF などを除く）の新規設定は限られるが、純資産残高の増加は続いていることから、投信 1 本あたりの純資産残高が大きくなっていることになる。先に産業別 GDP や株式市場の構成で述べたように、金融業が興隆してきた背景の一つには、スーパーアニュエーションの拡大があると考えられる。
　最近のオーストラリアにおける話題は、不動産価格の高騰が続いていることであろう。
　金融危機後に、歴史的低金利を背景にした住宅購入が増え、海外から投資資金の流入も手伝って、不動産価格はしばしば前年比二桁前後の伸びを示してきた。結果として家計の債務残高が増え、可処分所得対比で見た債務残高も上昇が続いている。何らかの理由で不動産価格が下落すると、住宅ローンが不良債権化する恐れがある。例えば、資源価格の持ち直しがインフレ率の上昇につながると、インフレターゲット政策に基づく金融政策の次の一手は利上げとなるが、家計の負債が増えていることで、慎重さが求められることになる。低迷する賃金の伸びがしっかり上昇するようになれば、家計の債務が所得対比および実質ベースで相対的に軽減されることになろう。

図表7－14　家計の債務残高

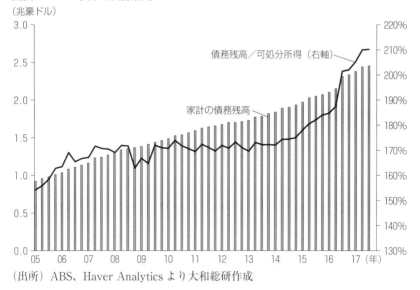

（出所）ABS、Haver Analytics より大和総研作成

終わりに

　天然資源に恵まれているオーストラリアは、一次産品を輸出し工業製品を輸入するという、先進国でありながら新興国に似た貿易構造を持つ。積極的な対外通商政策で輸出を拡大させる方針が取られてきた。国内市場の小ささから、主に工業製品を輸入していることで貿易収支は赤字傾向だが、経常収支の赤字は、貿易赤字ではなく第一次所得収支の赤字が主因であり、海外から多額の投資を受け入れてきた結果である。海外からの資金を惹きつけているのは、配当利回りの高い株式市場と相対的に高金利の債券市場の存在がある。

　一方、資源輸出国という側面と同時に、移民を受け入れて内需が拡大している経済でもある。移民の増加で人口が増え、ヘルスケア関連のほか、小売業や建設業、教育、レストランなどのサービス業で雇用者が増え続けている。GDPへの寄与や株式市場の時価総額では、鉱業関連の他はサービス業

中心で、金融関連のウェイトが高い。金融業の発展に貢献した要因の一つは、被用者全員が強制加入するスーパーアニュエーションの拡大が、運用資産の獲得を目指して、金融業に加入者サービスを充実させる競争を促したことであろう。資産残高が名目 GDP をはるかに上回るスーパーアニュエーションは、家計金融資産の半分近くを占め、内外の株式に投資して長期的な経済成長の恩恵を享受しようとしている。

　住宅価格の急騰に示されるように、短期的な経済のボトルネックは、増加を続ける人口を受け入れられる生活インフラの整備である。2017/18年度連邦予算では、財政赤字の拡大に留意しつつ、積極的にインフラ開発を行う姿勢が明確である。海外からの国債投資を念頭に高格付けを維持する必要性を連邦政府も意識しており、必ずしも野放図な財政赤字の拡大とは言えない。しかし、財政収支の黒字化が遅れれば将来の課題になる可能性がある。

　対外的に、サービス収支は赤字が縮小し黒字転換が視野に入りつつある。サービス収支は貿易収支よりも変動が小さく、経済成長に安定的に寄与することが期待される。オーストラリアは、国際収支の発展段階説で言えば「成熟した債務国」から「債務返済国」への移行期に相当すると考えられる。移民によって増加する人口を背景にした内需の拡大がサービス業の発展を促し、サービス輸出の増加につながる基盤を形成していると言えよう。今後は、長期的なさらなる経済発展に向け、農業系先進企業、不動産と金融の融合、フィンテック関連などの企業育成が話題になるとみられる。

　最大の輸出先である中国などの経済発展のペースに左右される側面があっても、人口増加に支えられることで、オーストラリア経済は持続的に拡大させる内需が確保できる可能性は十分あると考えられる。

＜参考文献＞
・ASX, "*The Australian Share Ownership Study*"
・Australian Bureau of Statistics Australian Office of Financial Management
・Australian Minister for Trade, Tourism and Investment Australian Prudential Regulation Authority Department of Finance
・Department of Immigration and Border Protection, "*Historical migration*

statistics"
- IMF, "*World Economic Outlook (April 2017)*"
- JETRO「2016年主要国の自動車生産・販売動向」（2017年 7 月）
- Parliament of Australia, "*Parliamentary Handbook*"
- Reserve Bank of Australia　https://www.rba.gov.au/
- The Association of Superannuation Funds of Australia
- 井出和貴子「オーストラリア：多文化主義国家の移民政策」大和総研レポート2014年11月19日
- オーストラリア大使館「オーストラリアの政治制度」
  http://japan.embassy.gov.au/files/tkyo/AAF2008_government_j.pdf
- 越智道雄『オーストラリアを知るための48章』明石書店2000年
- 外務省ウェブサイト　http://www.mofa.go.jp/mofaj/area/australia/index.html
- 佐川あぐり「豪スーパーアニュエーション、成功の背景は」大和総研レポート2018年 3 月26日
- 大和総研「大和のアジア証券市場」各年版
- 投資信託協会「投資信託の世界統計」

第 **8** 章

台湾の政治経済及び
両岸経済交流の現状分析

はじめに

現在の台湾を理解するためには、①「藍緑（ブルー・グリーン）政治」、②「失われた20年」、③「アジア NIES の一つ」、という三つのキーワードがある。本稿では、まず台湾の政治状況に関して、藍緑政治（ブルー陣営：国民党系、グリーン陣営：民進党系）について触れ、次いで、台湾の経済現状に関しては、近年台湾の南進政策や大陸との経済交流（両岸交流）について触れる。特に「両岸経済協力枠組み協定」（ECFA）及び「両岸金融資本市場協力」の内容を紹介し、両岸関係の展望を最後に述べることとする。

■ 第1節

藍緑（ブルー・グリーン）政治体制を中心とする台湾政治の実態

Ⅰ 台湾の概要

台湾島は Formosa（福爾摩沙）とも呼ばれ、美しいという意味のポルトガル語に由来している。日本では江戸期に高山国や高砂国と呼ばれていた。

台湾の民族は意外に多く、85％が本省人（73％河洛、12％客家）、13％が外省人、2％が台湾原住民である。本省人とは、1945年以前に、中国大陸各地から台湾に移り住んだ人々およびその子孫である。著名な本省人としては、李登輝（元総統）、陳水扁（元総統）、蔡英文（現総統）などが挙げられる。外省人とは、第二次世界大戦終戦後に台湾に移民した人々および子孫を指し、日本ではテレサ・テン（歌手）、馬英九（元総統）、郭台銘（実業家）などが知られている。

台湾本島は、南北が約394km、東西が約144km で、全体の面積は九州と同程度である。耕作可能地は島の約30％で、5つの山脈が縦走しており、最高峰は玉山（旧日本名：新高山）で海抜3,952m と、富士山より高い。

Ⅱ　藍緑政治

　台湾は、国民党による一党独裁体制であったが、1980年代末以降、徐々に民主化され、1996年に、総統が初めて直接選挙で選出された。2000年に、台湾で初の民進党政権が発足し、藍緑（ブルー・グリーン）政治体制が形成された。これまでに、6度の総統選挙が実施され、3度、政権が交代している。

　基本的政治な立場は、ブルーの国民党が、「中華民国」という1つの中国を堅持しながら、「統一せず、独立せず、武力行使せず」と主張しているのに対して、グリーンの民主進歩党（民進党）が、台湾は中華人民共和国の一部ではなく、すでに独立国であり、両岸統一には台湾住民の同意が必要であること、などを主張している。

　2016年5月20日、対大陸融和を進めた馬英九国民党政権が敗れ、独立志向を持つ民進党の蔡英文氏が、第14代総統に就任した。台湾初の女性総統であり、8年ぶりに政権を奪還した。なお、今までの歴代総統は、次の通りである。蒋介石（1948－75）、厳家淦（1975－78）、蒋経国（1978－88）、李登輝（1988－2000）、陳水扁（2000－08）、馬英九（2008－16）、蔡英文（2016～）。

　ほとんどの台湾の住民は、中華民国が中華人民共和国に帰属することを望んでいない。これを「維持現状」と呼び、政治勢力は、統一を長期の目標とする「泛藍連盟」と、それに反対する「泛緑連盟」（本土派、独立派）に分かれている。

Ⅲ　現総統蔡英文（緑）と元総統馬英九（藍）の略歴

1．蔡英文の主な経歴（Wiki などより）

　初の女性総統。1956年8月31日台湾屏東県に生まれ、客家の出身。父の蔡潔生はビジネスで成功した人物で、複数の女性と家庭を持ち11人の子を持っていたようである。蔡英文はその末子。祖母はパイワン族の出身。台湾大学法学部卒、卒業後はアメリカのコーネル大学ロースクールに留学して法学修士を、イギリスのロンドン・スクル・オブ・エコノミクスで法学博士の資格

を取得。帰国後に国立政治大学及び東呉大学の教授となり、専門は国際経済法。政治的には穏健独立派・リベラルなタカ派とみられる。

　国民党政権下の1990年代に、行政院経済部の国際経済組織首席法律顧問、経済部貿易調査委員会委員、行政院大陸委員会委員、行政院公平交易委員会委員、公正取引委員会（英語版）委員、著作権委員会委員などを務め、1999年に李登輝総統が発表した両岸関係の新定義、いわゆる「二国論」（「特殊な国と国の関係」論）にも深く関わった。民進党が初めて政権を獲得した2000年5月、両岸関係の政策を受け持つ行政院大陸委員会の主任委員に就任。

2．馬英九元総統の主な経歴（Wikiなどより）

　1950年7月13日に香港（本籍：湖南省）生まれ、台湾大学法学部卒、米ニューヨーク大学法学修士、米ハーバード大学法学博士号を取得後、蒋経国総統の英語秘書等を経て、38歳で閣僚級ポストに抜擢された国民党のサラブレッド。法務部長、台北市長等を経て、2008年総統選挙で民進党候補に快勝し、政権奪還を実現した。

Ⅳ　「習馬会」、「習6点」と「19大内容」から見る両岸情勢

1．「習馬会」

　2015年11月7日、シンガポールで、両岸トップである中国の習近平国家主席と台湾の当時の馬英九総統が、1949年の中国分裂以降、66年ぶりに初の会談を行った。この会談（「習馬会」）には、共同声明などのコンセンサスは発表されなかったが、政治対立する両岸にとって、歴史的な変化をもたらす意味があり、大いに評価されている。

　なお、「習馬会」の前の2015年5月に、両岸の国共党首会談が、習氏と朱立倫主席（当時）との間で行われている。

2．「習6点」

　また、2016年11月1日、北京を訪問した当時の国民党の洪秀柱主席は、共産党の習近平総書記（国家主席）と会談を行った。習氏は、会談中に「習6

218

点」のコメントを発表し、その後の対台湾政策方向性を示した。「習6点」は、民進党政権がスタートした際に、国民党をバックしながら、民進党政権をけん制するだけでなく、両岸の政治対立を融和する意欲を示したものである。

「習6点」の主なポイント：

(1)「台湾独立」の分裂勢力及びその活動を断固反対すること

(2)「一つの中国」の原則を示す「1992年コンセンサス」を堅持すること

(3)両岸経済社会の融和発展を促進すること

(4)中華文化を共同で促進すること

(5)両岸同胞の福祉を推進すること

(6)中華民族の偉大な復興を一緒に実現すること

前2点は、蔡英文現政権への警告、両岸当局で公的な交流を行う際の重要な原則である。これに対して、後の4点は、台湾大衆への友好的な呼びかけと受容れの要望である。

3．「19大内容」

2017年10月、中国共産党第19回大会において、台湾政策に関して、習近平氏の報告書では、「我々は決して台湾独立を許さない」として1つの中国を堅持し、「台湾独立」に対しては、「どんな人、どの組織、どの政党、いつでも、どのような形でも、中国領土のどんな部分をも分離させない」と容認できない旨を強く主張した。

2016年蔡英文政権登場以来、かつてのような両岸関係は見通せなくなっている。両岸間の相互信頼が弱いため、その関係は「冷平和＋冷対決」の局面に入り込んでいる。

Ⅴ　米中間での台湾問題

米中関係における台湾の問題は、国家主権や領土といった中国の「核心的利益」に関わり、「最も重要で敏感な問題」である。

第8章　台湾の政治経済及び両岸経済交流の現状分析　219

1．これまでの、米中間における台湾問題をめぐる主な動き

1949年　新中国の成立を米国側は承認せず。国民党政権が台湾に。

1950年　朝鮮戦争の直後、米太平洋艦隊を台湾に派遣。

1954年　米台相互防衛条約に調印。

1972年　ニクソン元大統領訪中。

1979年　米国は中国と国交を樹立し、台湾と断交。米で台湾関係法制定。

1982年　米国、中国との共同コミュニケで、台湾への武器売却を減らして
　　　　いくと確約

1995～96年　台湾海峡危機。李登輝元総統の訪米に反発した中国が、軍事
　　　　　　演習で台湾を威嚇。

2000年　台湾で初の民進党政権発足、藍緑政治体制形成。

2016年5月　台湾で8年ぶりの政権交代、民進党の蔡英文氏が総統就任。

2016年12月　トランプ次期米大統領と蔡総統が電話会談。

　トランプ次期米大統領と台湾の蔡英文総統の電話会談（断交後初）について、中国の王外相は「米政府が長年堅持してきた『一つの中国』原則を変えることはできない。この（米中の）政治的基礎が干渉を受けたり損なわれたりすることを望まない」とコメントした。

　なお、台湾問題にかかわる法律としては、アメリカでは『台湾関係法』、台湾（中華民国）側では『米中共同防衛条約』、中国大陸側では『反分裂国家法』がある。

2．「3つの共同コミュニケ」

　米中の政府間では、冷戦の下、双方の関係正常化のために、3つの共同コミュニケ（3つの外交公報）を発表した。即ち『上海公報』（1972年2月28日）、『米中国交正常化公報』（1979年1月1日）と『八一七公報』（1982年8月17日）である。

　米中関係の正常化の基礎となる重要なものの一つに、台灣問題がありその内容が、3つの共同コミュニケに書かれている。

　アメリカ政府は、その両岸政策の策定方針が、「一つの中国の政策」、「3つの共同コミュニケ」と「台灣関係法」に基づいて制定されているとずっと

強調していた。しかし、両岸政策はあくまでも『政府の政策』であり、アメリカ議会が通した、台湾側に対する「6つの保証」（2016年5月16日）、と同様に法律的な効力は有していない。

3.「6つの保証」

「6つの保証」（Six Assurances）とは、アメリカの対台湾関係のガイドラインであり、1982年に米中が調印した「中米共同コミュニケ」の際に、アメリカが台湾に対して公布したものである。その内容は次の通りである（Wikiより）。

⑴　We did not agree to set a date certain for ending arms sales to Taiwan

⑵　We see no mediation role for the United States between Taiwan and the PRC

⑶　Nor will we attempt to exert pressure on Taiwan to enter into negotiations with the PRC

⑷　There has been no change in our longstanding position on the issue of sovereignty over Taiwan

⑸　We have no plans to seek revisions to the Taiwan Relations Act; and

⑹　the August 17 Communiqué, should not be read to imply that we have agreed to engage in prior consultations with Beijing on arms sales to Taiwan

■ 第2節

失われた20年

I　台湾経済成長の推移

　台湾経済は、日本統治時代、農業や林業、関連する製糖業や樟脳製造業などが中心であり、近代工業化はあまり進んでいなかった。

第8章　台湾の政治経済及び両岸経済交流の現状分析　221

蒋介石時代は、短期間に「反攻大陸」（武力による大陸部の奪還）ができると考えており、その政策を優先して、経済発展にあまり力を入れていなかった。

その息子の蒋経国時代（行政院長時代から）から変わり始め、台湾島の長期経済成長を支える十大建設などの各種インフラ整備を進めた。結果として、高度成長の軌道に乗っていた台湾は、NIESの一員に呼ばれた。

1980年代以降、李登輝時代に入り、電卓、パソコン、半導体、自転車の設計製造受託によって、台湾経済は飛躍的に拡大していった。当時の台湾の外貨準備高は、世界でも上位となった。

陳水扁時代となって、2000年代から、台湾企業は、大量かつ安価な労働者を求めて、中国大陸に本格的に進出していった。その次の馬英九時代になると、さらに積極的に大陸に寄って、2010年に両岸経済協力枠組協議（ECFA）を締結した。

にもかかわらず、2000年前後から経済成長の転換期となり、2002年の経済成長率は初めてマイナスを記録した。ある意味で日本と類似するような「失われた20年」となり、止めることができなかった。

Ⅱ　経済概況

1．人口、GDP

2016年の人口は2354万人、首都は台北市（2015年人口は270万人）、最大都市は新北市（2015年人口397万人）、南西部の最大の港湾都市は高雄市（2015年人口277万）である。2016年名目GDP総額は、5295.8億ドル、世界22位、1人あたり名目GDPは22,497ドルで世界36位である。

2．都市化状況

台湾東部の大部分は山地であるが、西部は緩やかに傾斜した平野であり、1960年代からの経済発展と共に工業化・都市化が進んだ。図表8－2に示したような台湾海峡の両岸都市化の現状の比較（衛星写真）を見れば分かるが、点在している中国大陸側の明るさと比較して、台湾西部の夜のライトは

図表8−1　台湾GDP成長率の推移

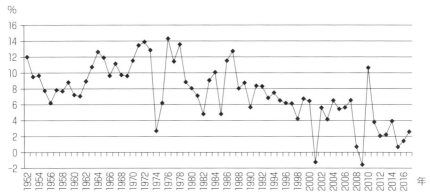

（注）2017年は予測値
（出所）台湾行政院主計総処

図表8−2　両岸都市化の現状の比較（衛星写真）

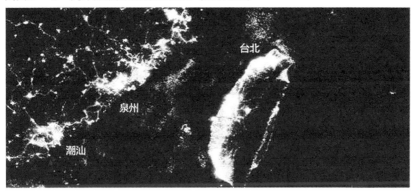

（出所）水木然「衛星から地球を見れば中日韓のギャップが分かる」『梅花閣』
　　　　2016年10月27日

広くかつ一体化している。

3．消費者物価、基準金利

　高度成長の終焉に伴い、消費者物価の伸び率も鈍化し、年によってはマイナスとなった。基準金利も徐々に下がってきており、日本のゼロ金利ほどで

図表 8 - 3　台湾の基準金利

（出所）台湾行政院主計総処

図表 8 - 4　失業率と製造業賃金の上昇率

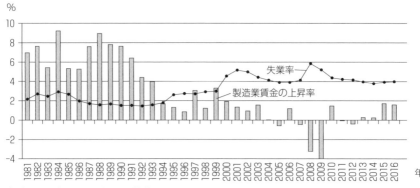

（注）2017年は 9 月までの数値
（出所）台湾行政院主計総処

はないが、低水準にとどまっている。

４．失業率、賃金上昇率

　また、特に注意深いのは、台湾にも失われた10年、或いは20年という言葉
があり。代表的なものは、失業率や賃金上昇率が停滞ないしマイナスである
ことであり、日本より深刻ではないかと言われている（図表 8 － 4 参照）。

５．貿易額

　台湾は、「投資貿易立国」と主張しており、貿易額が2016年に世界全体の
1.59％を占めた。しかし、WTO の主要国（地域）貿易額ランキングをみる
と2016年では第18位であり、NIES 4 （台湾、韓国、シンガポール、香港）
の中では、一番後ろである。

６．対外直接投資

　台湾の大陸以外への対外直接投資は、新台湾ドルの為替相場高や労働力コ
ストの上昇を要因として、1980年代末から1990年初めまでに急成長した。
1992年に対大陸投資解禁の影響で一時停滞したが、2012年の急騰を除けば、
基本的に上昇のトレントである。

　ちなみに、2016年の大陸への直接投資額は、96.71億米ドルであり、大陸
以外への投資額は、121.23億米ドルであった。

７．金融指標等

　台湾は、金融資本の面では先進国並みであり、新興市場（NIES：台湾、
韓国、シンガポール、香港）の中では比較的に成熟し安定している。最近の
Ｍ２や預金残高、貸出残高などの成長率は、穏健で増加トレンドにある。不
良債権率は、低レベルで、株価は2017年を除いて、新興市場ような激しい変
動も見られない。

　なお、台湾の金融機関の数は、2016年で、合計429社。内訳は、本土銀行
40社、外国及び大陸銀行29社、信用合作社23社、農協信用部283社、漁協信
用部28社、郵政公司 1 社、生命保険公司24社である。

第 8 章　台湾の政治経済及び両岸経済交流の現状分析　225

図表8－5　台湾の主な金融指標

年	増加率（％）			上場企業時価総額（億新台湾ドル）	株指数（1966年＝100）	手形の払戻率（％）
	M 2（日平均数）	預金残高	貸出及び投資の残高			
2008	2.71	6.96	3.42	261 154	7 024.06	0.38
2009	7.45	5.68	0.71	296 805	6 459.56	0.30
2010	4.53	5.29	6.15	282 187	7 949.63	0.19
2011	5.83	4.18	6.00	261 974	8 155.79	0.17
2012	4.17	3.09	5.69	202 382	7 481.34	0.18
2013	4.78	5.29	4.59	189 409	8 092.77	0.17
2014	5.66	5.91	5.20	218 985	8 992.01	0.17
2015	6.34	5.98	4.61	201 915	8 959.35	0.18
2016	4.51	3.46	3.89	167 711	8 763.26	0.19
2017.10	3.85	3.45	4.89	21 564	10 683.85	0.17

（出所）台湾行政院主計総処

■ 第3節

ルイス転換点の通過とアジアニーズ（NIES）

Ⅰ　ルイス転換点の通過

1．ルイスの転換点

　1954年、ルイス（Lewis）は、農村部門の余剰労働力の存在があるため、工業発展に「労働力の無限提供」ができると指摘。

　レニスとフェィ（Ranis and Fei, 1961）は、それを「二重経済構造論」に展開し、通常の開発経済体は、2つの発展段階を必要とする。第一段階は、余剰労働力が存在して、都市部と農村部との二重構造がある。第二段階では、余剰労働力が工業発展に完全に吸収され、都市部と農村部が統一され、社会全体が現代経済段階に入った。通常では、この2つの段階の間に、「ルイス転換点」があると言われる。

　この理論は、経済体の発展プロセスを語る際によく使われ、英国は19世紀

図表 8 - 6　GDP 構成から見る経済構造の変化

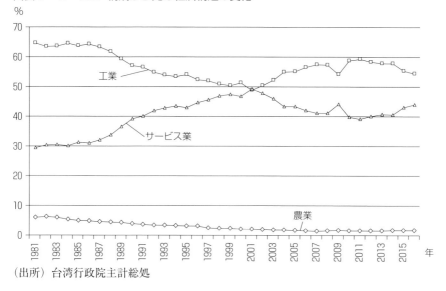

（出所）台湾行政院主計総処

半ば、米国は1875～1900年の間に、ドイツは1960年、日本は1960年前後（高度経済成長期）、韓国は1970年代半ばに、それぞれルイス転換点を通過した。アジア新興国を見れば、一般論では、中国は2004年以後、ベトナムは近年、そのルイス転換点が出現した。

2．台湾のルイス転換点の通過

　台湾の剰余労动力がなくなるルイス転換点は、朝元氏（2004）によれば、1960年代後半である。その根拠は、農業の賃金と労働の限界生産性に密接な関係が発生し始め、さらに上昇し始めたことである。

　1960年代から、台湾は従来の輸入代替策を輸出志向策に転換し、工業化を進めていた。工業製品の海外輸出への主な促進策は 2 つあり、1 つは為替レートの切り下げ、もう一つは関税の還付や免除などの措置である。そのために、「輸出加工区」や「科技園区」ような工業団地が設立され、活躍した。図 8 に示されたように、1960年代半ばから、GDPでの貿易黒字及び工業を中心とする第二次産業のシャアは徐々に拡大・上昇し、アジアニーズ 4

（NIES 4：台湾、韓国、シンガポール、香港）の一員となった。

Ⅱ 「十大建設」と失われつつある台湾経済

1.「十大建設」

　台湾の「十大建設」は、1973年蒋経国が打ち出した大規模インフラ整備計画である。これは日本統治時代や蒋介石政権時代から続く農業・軽工業主体だった台湾経済を、重工業へ移行することを目的とする6ヵ年間の計画である。この計画の背景には、当時の中華民国が、1970年代初頭に国連追放やアメリカ・日本との断交などの政治的な孤立に落ちたため、危機を乗り越えるために経済力の強化を目指したということがある。

　1973年から蒋経国が実施した「十大建設」は次の通りである。

　⑴桃園国際空港の建設、⑵台湾鉄路管理局北廻線の建設、⑶鉄路電気化（台湾鉄路管理局西部幹線を電化するプロジェクト）、⑷台中港の建設、⑸宜蘭県蘇澳港の建設、⑹原子力発電所の建設、⑺中山高速公路の建設、⑻造船業の推進、⑼鉄工業の推進、⑽石油化学工業の推進

2.「新十大建設」等

　陳水扁時代には、その第二期政権発足後、経済不振を回復させるために、2005年から「新十大建設」、いわゆる蒋経国時代の「十大建設」の21世紀版を始めた。5年間の計画で、総事業費は5千億新台湾ドルにのぼる。

　その後、馬英九時代には、「愛台湾12建設」と「6大新興産業」を盛り込んだ。「愛台湾12建設」は、2009〜2016年の間に、『台湾全島を網羅する交通網（1兆4,523億元）』など12項のインフラ建設を優先的に促進させ、合計3.99兆台湾ドルに近い資金投入、そのうち政府予算が約70％、民間が約30％、という計画であった。

　また、馬英九政権は、2009年4月から「6大新興産業」をスタートさせた。台湾の優位性の高い既存産業、すなわち広義のICT産業（通信・情報・オプト・半導体）に、関連するクリーンエネルギー産業、医療機器産業・製薬等バイオテクノロジー産業などを加えたプロジェクトを強化する目的で

あった。

3.「5＋2＋3」

　蔡英文氏が当選してから、「5＋2」という創新産業を打ち出し、その後「5＋2＋3」という十大産業に展開している。この十大産業は、⑴アジアシリコンバレー、⑵グリーンテクノロジー、⑶バイオメディシン、⑷スマートマシーン、⑸軍事防衛、⑹新農業、⑺循環経済、⑻デジタルイノベーション、⑼文化テクノロジー、⑽チップデザイン＆半導体、である。

4．失われつつある台湾経済

　1970年代の蒋経国時代の十大建設によって、台湾の工業化が促進され、高度成長を遂げ、アジア四小龍（NIES）と呼ばれた。しかし、その後の陳水扁時代と馬英九時代に真似した「十大建設」は、期待する効果を上げられなかった。蔡英文現政権の政策は、失速のままに進行中である。

　台湾の研究開発投入資金についてみると、2005年が153億米ドルで、対前年比16.7％増、対 GDP シャアが2.32％であった。2015年には、336億米ドルとなったが、対前年比3.51％増、対 GDP シャアが3.05％である。対 GDP シャアは若干拡大しているが対前年比では大きく減少しており、台湾経済も日本経済と似たような「失われつつある状況」にあると言えよう。

Ⅲ　台湾の南進政策、回帰政策について

1．「新南向政策綱領」

　2016年5月20日、蔡英文氏が総統に就任した直後の8月16日に開催された「対外経済戦略会談」の中で、東南アジア諸国（ASEAN10か国）や南アジア6カ国（インド、パキスタン、バングラデシュ、スリランカ、ネパール、ブータン）、ニュージーランド、オーストラリアの計18カ国との関係を強化する「新南向政策綱領」を確定した。

　過去、陳水扁総統（2000-08）時代にも類似の政策を取ったことがあるが、あまり効果がなかった。近年、台湾の ASEAN 投資がベトナムに偏っ

第8章　台湾の政治経済及び両岸経済交流の現状分析　**229**

ている原因の一つに、陳水扁時代の南進政策の効果があると言われているようである。

２．「台湾回帰促進政策」

　馬英九政権の台湾経済部は、単一市場回避の目的で、2012年11月に、海外進出している台湾企業に対して、「台湾回帰促進政策」を実施し始めた。

　当時の重要な背景の一つは、大陸側がルイス転換点を通過して、産業構造の高度化に伴う人件費を含めるすべてのコストが高騰し、一部外資系が、中国沿岸部から内陸部、或いは東南アジア諸国にシフトしようとする動きが始まったことにある。

　回帰政策が促進されている一方、中国大陸輸入市場における台湾シェアは、2011年の7.2％から2016年の9.2％まで増加している。他方、台湾のASEAN輸入市場におけるシェアは、2011年の4.9％から2016年の5.8％まで、さほど増えていない。

　どれぐらい回帰されたかについては把握しにくいが、近年、台湾企業の大陸投資の減少ないし撤退は、少なくないと推測されている。

図表８－７　台湾系企業の対中投資意向

将来の方針・見通し	2010年	2011年	2012年	2013年	2014年	2015年
台湾本社で生産・運営継続	37.2%	40.7%	44.5%	46.3%	47.1%	46.2%
中国での生産・投資拡大	53.0%	51.0%	49.4%	46.1%	40.3%	39.0%
台湾回帰投資を希望	6.6%	5.3%	5.9%	7.1%	6.2%	6.2%

（出所）みずほ銀行台北支店2015.10

３．蔡政権の新南向政策

　現在の蔡政権が、実行しようとしている５つのフラグプランは、(1)産業人材発展、(2)医療衛生協力及び産業チェーン発展、(3)創新産業協力、(4)区域農業発展、(5)新南向フォーラム及び青年交流プラットフォームである。

　また、本政策は、公共インフラ、観光、クロスボーダー電子商取引３つの領域に展開する計画である。

蔡政権の新南向政策の特徴としては、従来の投資貿易分野だけではなく、技術・文化人的の交流などの幅広く分野での関係強化、しかも一方通行ではなく、双方向の交流を推進する方針である。ただし、巨大な中国市場は魅力的な存在であることを無視することはできず、わざわざ避けて、新たな未知の地域と分野を開拓するのは、色々なリスクがあるようである。

■ 第4節

両岸経済交流

鄧小平の改革開放時代から、両岸（台湾と中国大陸の間）には、経済発展の段階的なギャップが大きく存在していた。また経済成長の構成要素については、補完性も大きく、両岸経済協力の可能性と原動力となっていた。しかし、近年、こうした特徴は、徐々に薄くなっており、大陸沿岸部の労働力コストは、台湾並みに急騰し、1人当たりの毎月の総費用が1000米ドル近くになっている。こうしたことなどから、従来の投資目的や投資パターンが難しくなり、補完性及び協力体制を新たなパターンに切り替え必要がある。これは両岸にとって、危機ではあるが、チャンスとも考えられる。

本節では、両岸間での投資や観光の現状について、「両岸経済協力枠組み協定（ECFA）」、両岸通貨清算メカニズム及び両岸金融協力内容などをまず紹介する。これを踏まえ、官製レベルでの福建自由貿易実験区の設立や、民間レベルでの一帯一路協力の分析などを通じて、福建自由貿易実験区の開設の役割、両岸経済交流の実態及び問題点を明らかにする。

Ⅰ 投資と観光から見る両岸経済交流の現状

1. 対大陸への投資

台湾資本の大陸進出は、鄧小平の改革開放後だけでなく、今現在でも、重要な役割を果たしている。他方、台湾資本にとっても、巨大な大陸市場の進出は、大変魅力的なものであった。

アジア通貨危機以後の2000～2011年の12年間、大陸への直接投資は2004～

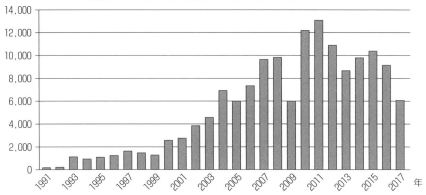

(注) 2017年のデーターは9月までの合計
(出所) 台湾経済部投資審議委員会

　2005年と金融危機の翌年の2009年を除いて、毎年ずっと上昇していた。2010年代以後、大陸経済の「新状態」の影響を受け、台湾資本の規模は、2010年の146.17億米ドルから2013年の91.90億米ドルまで減少したが、2014～2015年にまた上昇傾向になった。

　ところが、図表8－8に示したように、台湾からの対大陸投資は、2016年から、特に2017年には大きく減少している。その主な原因は、大陸側の投資コスト上昇であるが、蔡英文政権登場といった政治な要因も挙げられる。

　対大陸の投資分散によるリスクヘッジをいかに最小限にするかは、蔡政権の支持率にかかわる問題である。世界から台湾への主な受注地域をみると、中国からの受注は、減少しつつあるが、2017年（1～10月まで）は、台湾全体の25％を占め、米国の28％に次いでおり、無視できない。

2．大陸側から対台湾の投資

　2008年に馬英九国民党政権が登場して、両岸政治経済の交流が盛んになった。投資の面でも、台湾資本の大陸への一方通行の投資から、双方向の投資に変り、大陸資本も台湾への投資を始めた。表9に示されたように、2006年6月～2017年10月に、大陸の対台湾進出は、台湾からの対大陸投資と比較す

れば桁が違うが、すでに合計1870百万米ドル、1061件に達していた。投資の業態別のベスト5は、卸業・小売業（29.28％）、銀行業（10.77％）、電子部品（10.23％）、機械設備（5.92％）、PC・電子產品及光學製品（5.74％）であった。ところが、2016年からその投資が、蔡政権の登場に伴い、急減した。

3．観光業への影響

　蔡政権の登場に伴う両岸交流への悪影響は、まず観光業に一番ダメージを与えた。大陸からの観光客は急減し、例えば、2017年の台北故宮博物館への観光客は、419万人の見込みで、2014年ピーク時の540万人より121万人も減少した。訪問客の減少が止まらないので、2018年のチケット収入計画では、2017年よりさらに1億新台湾ドルの減少を見込んでいる。

　現在、両岸の双方向の政治経済での交流は、行き詰まり状態であり、打開する見通しはなだ見えない。

Ⅱ 「両岸経済協力枠組み協定」

1．「両岸経済協力枠組み協定」の締結

　「両岸経済協力枠組み協定」（Economic Cooperation Framework Agreement、略称ECFA）、中国語は「海峡兩岸經濟合作架構協議」と言い、台湾と大陸が締結した自由貿易協定（FTA）である。

　2005年、連戦国民党元主席が訪中して、胡錦濤中国共産党総書記と会談した際に、蕭万長氏の提唱した両岸共同市場（一中市場、大中華経済圏）を目指すことで合意した。2009年、胡錦濤中国共産党元総書記と呉伯雄国民党元主席の会談をきっかけに、本協議をスタートさせた。海峡両岸関係協会（大陸側の窓口機関）と海峡交流基金会（台湾側の窓口機関）による協議を経て、2010年6月に重慶市で締結され、8月に台湾の立法院が審議可決、9月に正式発効した。大陸側が石油化学製品や自動車部品など539品目、台湾側が267品目の合計806品目、貿易額で計約167億ドル（約1兆5000億円）分の関税が対象で、2011年1月、2012年1月、2013年1月の3段階に分けて実施

第8章　台湾の政治経済及び両岸経済交流の現状分析　233

されることになっていた。

　大陸側から見れば、ECFA の締結が両岸統一への重要な一歩であり、ま
た当時馬総統の国民党政権へのサポートもできると考えて、台湾側に対して
大幅に譲歩した。

　ECFA 締結には、当時野党の民進党や台湾団結連盟などが反対した。そ
の理由は、台湾の農業や中小企業へのダメージといったこともあるが、大陸
との経済連携緊密化により、統一される懸念があったためである。

２．「ヒマワリ運動」と「両岸サービス貿易協定」の失敗

　2014年、ECFA の重要な一環である「両岸サービス貿易協定」が、台湾
の立法院（日本の国会）で承認されなかった。その原因は、同年３月18日に
台湾の学生と市民らが立法院を占拠して、同協定の審議を停止させよう学生
運動いわゆる「ヒマワリ運動」（中国語：「太陽花学運」、「318学運」）があっ
たためである。

　2013年６月に台湾と大陸の間で合意された「海峡両岸サービス貿易協定」
は、両岸間でのサービス分野の市場開放を目指しており、大陸側は金融や医
療など80分野を、台湾側は運輸や美容など64分野をそれぞれ開放する協定で
あった。

　「両岸サービス貿易協定」を含めて、ECFA は元々、馬英九元総統が2008
年に当選してから揚げていた重要な経済政策であるが、「ヒマワリ運動」に
よる本協定の行き詰まりが馬政権の敗選の決定要因になった。その経済カー
ドのみの政策方針が、限界と見られた。

Ⅲ　両岸通貨清算メカニズム

１．「対台人民元クリアリングバッグセンター」

　大陸側は、福建自由貿易実験区の設立の直後の2015年５月に、台湾投資の
人気都市であるアモイで、両岸での人民元を清算するための「対台人民元ク
リアリングバッグセンター」を設立した。また、人民元の清算を突破口に、
「両岸貨幣合作プラットフォーム」ロードマップを作成して、両岸銀行業界

の関心と参与を集めている。

　大陸側の建設銀行、農業銀行、平安銀行の３社がすでに「対台人民元クリアリングバッグセンター」を設立、清算総額は大陸全体の約10％になる。2015年７月まで、台湾の24の銀行は、アモイの16の銀行と「人民元清算」の提携協議を行い、計40の清算口座を開設した。

２．「小三通」、「海峡両岸貨幣清算合作 MOU」

　2003年からは、台湾の金門、馬祖と大陸との間に、「小三通」開始と呼ばれる直接の通商・郵便・航路がスタートし、両岸側の新しい関係が始まった。2005年10月に台湾中央銀行は、金門と馬祖で人民幣の現金売買取引業務を開始した。2008年馬政権が登場して、両岸側の直行便を開始することに伴い、人民幣の取引業務を全台湾まで拡大した。

　2009年４月、両岸の間に、まず「海峡両岸金融合作協議」が締結され、2012年８月に、「海峡両岸貨幣清算合作 MOU」が締結された。本 MOU では、双方が、それぞれ１社の通貨清算機構を指定し、自分の貨幣清算サービス業務を相手方に提供することに合意した。同年９月に、台湾側は臺灣銀行上海分行、12月に、大陸側は中国銀行台北分行をそれぞれ指定した。2013年１月に台湾中央銀行は、両岸通貨決済に関することを「銀行業の外貨業務管理方法」に明記した。

３．台湾での人民元業務

　台湾では、人民元業務を取り扱う銀行が、「為替の指定銀行」（DBU）と「国際金融業務分行」（OBU）に分けられ、その数はそれぞれ68行と59行である。現在、台湾のすべての銀行の人民元取扱業務は、中国銀行台北分行を通している。2017年10月までに、その人民元清算総額は2277億人民元にのぼっている。

　現在、台湾での人民元業務は、預金、送金、貿易決済、両替、デリバティブ金融商品、保険、ファンドなどがある。

　また、台湾の大陸での人民元取扱業務については、2014年までに、台湾系銀行の第一銀行などが大陸全土に10の分行を開設し、また2015年から2017年

第８章　台湾の政治経済及び両岸経済交流の現状分析　235

９月までに、さらに21の分行を新設した。

Ⅳ　両岸金融協力内容について―「海峡両岸金融合作協議」を中心に―

　2009年４月に「海峡両岸金融合作協議」が締結され、同年11月に、台湾金融監督委員会が大陸側との間に、銀行、証券及び保険の協力について、MOUをそれぞれ締結した。また2010年３月に、台湾金融監督委員会は銀行、証券先物、保険の３つの分野について、大陸との間での３つの業務提携に関する指針の修正版を公布した。その内容は、次の通りである。

　⑴「台湾地区と大陸地区金融業務往来及び投資許可管理方法」、

　⑵「台湾地区と大陸地区証券先物業務往来及び投資許可管理方法」、

　⑶「台湾地区と大陸地区保険業務往来及び投資許可管理方法」

　また、「海峡両岸金融合作協議」内容に基づいて、両岸金融業界の双方向での投資を解禁した。互いに、銀行業では分行の設立や、証券先物及び保険業界ではオフィスの設立などが可能になった。本協議の中で、「事前審査」、「リスク管理」及び「追及管理メカニズム」などの内容にも書き込まれた。

　台湾金融監督管理委員会の2017年９月までの統計によれば、両岸での銀行業、証券先物業及び保険業における双方向の投資は、次の通りである。

⑴　銀行業務について

　１）台湾側⇒大陸：13社の銀行が台湾金融監督委員会の審査を通し、大陸に29の「分行」、11の「支店」、３の「営業所」、３の「辦事処（オフィス）」を開設。

　２）大陸側⇒台湾：３の「分行」、２の「辦事処（オフィス）」を開設。

⑵　証券先物業務について

　今現在、台湾から大陸への進出のみ。

　・１社の合弁の証券会社、１社の合弁の先物会社の開設が許可された。

　・４社の投資信託が、大陸にファンド合弁会社を運営。そのうち、１社は資本撤退、１社がオフィスを設立。

・台湾側の8社の証券会社は、14のオフィスを設立。

⑶　**保険業務について**

今現在は、台湾側から大陸への投資だけである。

・すでに、12社台湾保険業者と3社保険会社、合計15の業者が資格を取得。

この15業者は、大陸にて、1社の承認待ちを除ければ、13のオフィスを開設して、それぞれ保険業（7社）、保険仲介業（2社）、保険代理店会社（2社）に進出。

Ⅴ　QFII の現状について

QFII（Qualified Foreign Institutional Investors）制度は、日本語では適格国外機関投資家制度と訳される。中国当局による一定の適格条件を満たし、中国証券監督管理委員会（CSRC＝China Securities Regulatory Commission）の認可を受けた国外の機関投資家に対し、中国A株等の人民元建て有価証券への投資を可能とする制度のことである。

これまでの協力は「両岸証券先物監督管理合作プラットフォーム」を通じて行っていた。元馬英九政権の2015年12月に、両岸金融協力会議での「両岸証券先物監督管理合作プラットフォーム」第三回会議を開催し、QFII、RQFII、QDII に関わる制度制限の緩和、ECFA 早期収穫リスト実行の徹底、及び両岸証券取引所株価指数の合作などを協議・合意した。

2017年9月までに、台湾系の20社投資信託会社と1社証券会社が QFII 資格を取得、そのうち、19社の投資信託業者は計54.01億米ドルの投資枠、1社の証券業者は0.8億米ドルの投資枠をそれぞれ取得した。また、10社の保険業者が QFII 資格を取得、計47億米ドルの投資枠を獲得した。さらに、6社の銀行が QFII 資格を取得、計3.8億米ドルの投資枠を獲得した。

第8章　台湾の政治経済及び両岸経済交流の現状分析　237

Ⅵ 官製レベルの福建自由貿易実験区設立から民間レベルの一帯一路協力へ

1. 福建自由貿易実験区

　2015年4月に福建自由貿易実験区が正式スタートした。現在中国大陸側は17の自由貿易実験区（Free Trade Zone、略称はFTZ）が認定され、2013年に上海、2015年に天津、福建、広東のFTZも承認された。福建FTZは合計118.04平方キロ、福州、アモイ（中国語：厦門）及び平潭の3つのエリアより構成され、それぞれの面積は31.26平方キロ、43.78平方キロ及び43平方キロである。その設立目的は、いうまでもなく両岸Win-Win関係を目指し、福州FTZが対両岸交流の重要な窓口になる一方、人民元国際化の一環として、人民元オフショア市場の建設をも促進するためである。設立から2017年3月まで、福建全体の台湾対大陸投資が厳しい投資環境の中で増加して、FTZでの福州、アモイ、平潭との3つのエリアは、台湾資本の新規投資が1411もあり、全福建省の9割以上を占めている。

2. 対台人民元クリアリングバッグセンター等

　前述したように、2015年5月にアモイで「対台人民元クリアリングバッグセンター」が設立され、ちょうど福建FTZ開設の1か月後であった。福建FTZの設立による台湾窓口の強化やアモイの「対台人民元クリアリングバッグセンター」開設による人民元オフショア市場の展開などを通じて、一層緊密な経済貿易関係を促進しようというのは、元々の大陸側の思惑であった。ところが、蔡政権が登場して以来、自由貿易区の建設による経済関係を促進する期待が薄くなり、特に両岸間での従来の「公的交流」による「公的期待」がなくなった。現在、大陸における両岸経済交流の主な窓口は、「全国台湾同胞投資企業聯誼団（略称：台企聯）」及び大陸各地区での「台資企業協会」である。「台企聯」は、2007年に大陸政府の承認の下で、各地区の「台湾同胞投資企業協会」による設立された社団法人である。今後、民間レベルを中心とする台資企業の活動は、両岸経済交流の主流になるであろう。

　台湾資本にとっては、大陸側の巨大な市場以外にも、色々な魅力的な国家支持政策及び開発プロジェクトがある。7つの自由貿易区や19の国家レベル

の開発新区及び各地に色々な産業団地などのほかに、近年の一帯一路戦略の追い風に乗ることが一部台湾企業にとって重要な選択肢になっている。大陸側も積極的に対応しているようで、2017年の９月、ベトナムに接する広西チワン族自治区に「海峡両岸産業合作区」を設立した。当合作区が「防城港産業区」、「崇左産業区」、「欽州産業区」の３つの産業区を含めて、地理上にいずれベトナム国境に付近、交通便利のところである。報道によれば、「台企聯」は1500億人民元を集金して、一帯一路沿線、特に ASEAN に近い広西と雲南の西南地域に台資企業をサポートする計画もあるようである。

　一帯一路へ参加するのは、両岸経済界の重要な関心事項であるが、両岸政治摩擦による民間主導のみの進行は、果たしてどこまで Win-Win 関係をできるか、またどれほど成果をあげていくのかなどの疑問が残されている。

■ **第 5 節**

今後の展望

１．「官製主導」から「民間主導」へ

　蔡英文政権は、登場して以来、両岸政治経済交流について消極的なスタンスに切り替えた。

　経済の面から見れば、馬英九時代に構築された両岸政権による「官製主導」の両岸経済協力が中断され、すでに進められていた両岸経済協力体制が覆された。今後、両岸経済協力は、従来の「官製主導」のから市場志向による「民間主導」にシフトしていくであろう。

　政府レベルの積極的な参加から、民間主導のみへチェンジするのは、政権更迭によるものであり、民間投資意欲の減少も一時的なものではないかとの考えも少なくない。陳水扁政権時代の2001～2008年の間に、「官冷民熱」状態があったが、両岸経済関係がむしろ逆に緊密になった。当時、台湾対大陸の直接投資は、台湾全体の対外直接投資額での占有率が、34％から71％まで上昇した。台湾対大陸の貿易は2002年に従来の赤字から黒字に逆転し、その後は連年拡大していった。対大陸の輸出額は、台湾全体での割合も上昇し、2001～2008年の間に26.6％から39％までに増加した。

第 8 章　台湾の政治経済及び両岸経済交流の現状分析　239

現在の両岸の色々な情勢が当時と違って、市場志向による「民間主導」
は、「官冷民熱」状態の下に、もう一度逆転できるかどうか疑問が多いよう
である。

２．政治面での考察

　政治の面から考えてみよう。台湾独立を強く出張していた陳水篇政権
（2001〜2008年）の後に、登場した馬英九政権（2008〜2016年）は、「一つの
中国」と「1992年コンセンサス」をはっきり主張していた。現在の蔡英文政
権は、同じ民進党出身の陳元総統と違い、表面上は「現状維持」を主張す
る。今後、大陸側の政策は「公的」（政府レベル）と「非公的」（民間レベ
ル）にはっきり分けられ、「官冷民熱」状態（陳水扁政権時代もあった）が
しばらく続くであろう。

　大陸側から見れば、二つの心配がある。

　１）一旦ある時点で、現政権の支持率が急速に低下すれば、「現状維持」
　　　路線が放棄され、急激に「台湾独立」に変更されるかもしれない。

　２）大陸の圧力が大きいければ、台湾大衆の反発材料になり、逆効果にな
　　　るかもしれない。

　中国社会科学院台湾研究所の余克礼元所長は、香港インタビューの際に
「馬総統政権の８年間が、両岸政治関係へ与えた損傷は大変大きい」とコメ
ントした。これも大陸側の台湾国民党側に対する失望感の現れであり、今後
の大陸の対台政策を根本的に模索・見直すという危機感の反映である。中国
共産党は色々なところで国民党との絆があるが、現政権の民進党とのつなが
りが非常に薄くため、場合によっては、現政権に対して、極端な措置を取る
ことも否定できない。

３．米国との関係

　両岸関係は、単なる両岸間にとどまらない。香港フィニクス TV の、2016
年９月29日「石評大財経」との番組で、著名な評論家の石斉平氏は、両岸関
係の今後について、次のようなコメントをした。

　「両岸間において、小均衡、中均衡、大均衡との３つの均衡があり、小均

衡とは、台湾島内における国民党と民進党の勢力構造の均衡、中均衡とは、両岸間での勢力均衡、大均衡とは中米間での勢力均衡を指す。近年、この3つのバランスを見れば、台湾島内では「緑（民進党）増藍（国民党）減」、両岸間では「陸増台減」、米中間では「中増米減」と変化しつつある。」

　トランプ政権は2017年11月に発表した「国家安全保障戦略報告書」で、中国を「戦略的ライバル」と位置付けた。中国に対しては、今までの歴代大統領の「国家安全保障戦略報告書」を見れば、「重要な協力者（オバマ政権）」や「ライバル（ジョージ・W・ブッシュ政権）」、「パートナー＆ライバル（クリントン政権後期）」及び「ライバル（クリントン政権前期）」などの見方がそれぞれあるが、今回は一番重要視していると思われる。

　言うまでもなく、今後、「台湾カード」が使われる頻度が高まっていくであろう。ただし、両岸関係の斡旋者であるシンガポールのリー・クアンユー元大統領は、以前、第一島鎖の地理位置から考えれば、中国に近く、米国に遠いため、「米国はいずれ南シナ海から撤退する」とのコメントがある。仮にそれが本当であれば、今後の両岸関係はどういう風に展開していくことになるのか。

4．台湾人の大陸に対する印象

　図表8-9～8-10に示されたように、蔡英文政権登場以来、台湾人の大陸政府及び民衆へのイメージが、意外に好転し続け、2017年に、近年の調査では最高を記録した。大陸に対する態度改善の原因は、台湾の蔡英文政権へ

図表8-9　台湾人の大陸に対する印象

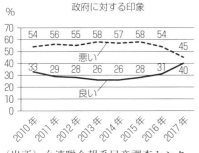
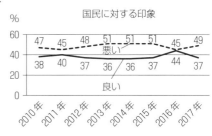

（出所）台湾聯合報系民意調査センター

図表 8 −10　自らを台湾人、中国人、台湾人かつ中国人だと考える台湾人の
　　　　　　アイデンティティー

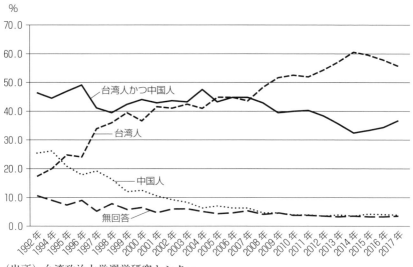

（出所）台湾政治大学選挙研究センター

の不満の「裏返し」と見ることがあった。一方で、台湾人の多くは、大陸の持続な経済発展と、より開放的な社会を期待しているという認識であろう。

＜参考文献＞
・王建民「大陸チャンス主導における両岸経済合作ルート選択」
　中国台湾網2017.11.29
・南亮進、牧野文夫、郝仁平（著、編集）『中国経済の転換点』
　東洋経済新報社2013
・台湾経済部投資審議委員会 https://www.moeaic.gov.tw
・台湾行政院主計総処 https://www.stat.gov.tw
・台湾中央銀行 http://www.cbc.gov.tw

環南シナ海の国・地域の金融・資本市場

平成30年6月25日

定価（本体2,000円＋税）

編集兼　発行者　公益財団法人　日本証券経済研究所
東京都中央区日本橋茅場町１－５－８
東京証券会館内　〒103-0025
電話 03（3669）0737 代表
URL　http://www.jsri.or.jp/
印刷所　奥 村 印 刷 株 式 会 社
東京都北区栄町１－１　〒114-0005

ISBN978-4-89032-055-4　C3033　¥2000E